Catálogos de Arquitectura

Introducción / Introduction
Xavier Güell

MW01077106

Editorial Gustavo Gili, S.A.

08029 Barcelona Rosselló, 87-89. Tel. 322 81 61
México, Naucalpan 53050 Valle de Bravo, 21. Tel. 560 60 11

Catálogos de Arquitectura Contemporánea

Introducción / Introduction
Xavier Güell

GG®

Catálogos de Arquitectura Contemporánea
Current Architecture Catalogues

A cargo de/*Editor of the series*
Xavier Güell

Traducciones/*Translations:*
Santiago Castán, arqto, Graham Thomson

© Editorial Gustavo Gili, S.A., Barcelona 1994

Printed in Spain
ISBN: 84-252-1636-2
Depósito legal: B. 30.642-1994
Impresión: Grafos, S.A. Arte sobre papel

Agradecimientos

Iniciar una colección de monografías de arquitectos siempre conlleva la duda sobre su futuro y perdurabilidad.

La aceptación que ésta ha tenido a nivel nacional e internacional, ha hecho posible que desde 1987 hasta 1993 hayan aparecido veinticuatro títulos.

Quisiera agradecer una vez más la colaboración y la confianza que los arquitectos han demostrado en todo momento; y también quiero mostrar mi agradecimiento a todos aquellos que con sus palabras han contribuido a que cada monografía tuviera el complemento teórico adecuado y que a continuación voy a mencionar:

Miguel Angel Baldellou, Oriol Bohigas, Mario Botta, Peter Buchanan, Alexandre Chemetoff, Pierre-Alain Croset, William J.R. Curtis, Kurt W. Forster, Kenneth Frampton, Jacques Lucan, Simón Marchán Fiz, José Luis Mateo, Manuel Mendes, Rafael Moneo, Fritz Neumeyer, Pierluigi Nicolin, Christian Norberg-Schulz, Guy Nordenson, José Quetglas, Aldo Rossi, Vittorio Savi, Massimo Scolari, Alvaro Siza, Dietmar Steiner, Jean Claude Vigato, Wilfried Wang, Colin St. John Wilson, Alejandro Zaera, Mirko Zardini.

Finalmente y de modo particular, mi agradecimiento a todos los estudiantes, arquitectos, lectores y usuarios, ya que sin ellos esta colección no hubiera sido posible.

Xavier Güell

Acknowledgments

The launching of a series of monographs on architects always involves some doubt as to its future and continuance.

The very positive response to this series, both in Spain and internationally, has made it possible for twenty-four titles to be published between 1987 and 1993.

I would like to thank here all of the architects once again for the cooperation and trust they have shown throughout, as well as all those people whose texts have helped to provide each of these monographs with the appropriate theoretical framework:

Miguel Angel Baldellou, Oriol Bohigas, Mario Botta, Peter Buchanan, Alexandre Chemetoff, Pierre-Alain Croset, William J.R. Curtis, Kurt W. Forster, Kenneth Frampton, Jacques Lucan, Simón Marchan Fiz, José Luis Mateo, Manuel Mendes, Rafael Moneo, Fritz Neumeyer, Pierluigi Nicolin, Christian Norberg-Schulz, Guy Nordenson, José Quetglas, Aldo Rossi, Vittorio Savi, Massimo Scolari, Alvaro Siza, Dietmar Steiner, Jean Claude Vigato, Wilfried Wang, Colin St. John Wilson, Alejandro Zaera, Mirko Zardini.

Finally and most particularly, my thanks to all the students, architects, readers and users of this series, without whom it could not have become the reality it is today.

Xavier Güell

Dedicatoria

Al arquitecto Erkki Kairamo (Helsinki, 1936-1994) en agradecimiento a su "moderna" trayectoria profesional.

Dedication

To the architect Erkki Kairamo (Helsinki, 1936-1994) in recognition of his "modern" career.

Índice

Contents

Introducción

Introduction

Este libro es una recopilación de veinticuatro obras y proyectos de los arquitectos que, hasta el momento, configuran el elenco de la colección Catálogos de Arquitectura Contemporánea.

Esta colección que se inició en el año 1987 con la intención de dar a conocer la obra de un arquitecto o un equipo de arquitectos de una forma clara y pautada, ha tenida una amplia difusión internacional y, espontáneamente, en torno a ella se han originado, en distintas escuelas, y universidades y otras instituciones afines a la arquitectura actual, numerosos ciclos de conferencias, seminarios y cursos que han contado con la colaboración de algunos de estos profesionales. Así mismo, muchos de los arquitectos que forman parte de este primer elenco han sido invitados a participar en numerosos concursos restringidos internacionales.

Sin que constara como uno de los objetivos finales de esta colección, este volumen es el número veinticinco. Y precisamente por ello, he querido hacer una pausa y volver sobre la obra realizada de todos ellos. Esta pausa hay que entenderla como seguimiento y evolución del trabajo de estos arquitectos, que en su mayoría ha adquirido un amplio y mayor reconocimiento, si cabe, y una nueva dimensión.

En alguna ocasión se comenta una obra que en la monografía correspondiente aparecía como proyecto o como un trabajo en proceso de construcción. La selección se ha hecho siempre de acuerdo con el arquitecto.

Otro aspecto a considerar sería que esta colección se acerca a su fin. Esta posibilidad es impensable por el momento ya que seguirán apareciendo nuevos títulos y nuevos arquitectos. Trabajamos con la voluntad de ir rastreando una línea bajo unos parámetros en los que prima tanto la calidad formal como la significación vinculada a una realidad unida a un mensaje internacional y global. Si bien todos ellos tienen

This book is a compilation of twenty-four works and projects by the architects who have been featured to date in the Current Architecture Catalogues series.

This series, lauched in 1987 with the aim of presenting in a clear and structured manner the work of a particular architect or team of architects, has been very widely disseminated internationally, and has spontaneously provided the impetus, in various architecture schools and universities, for lectures, seminars and courses in which a number of these architects have been involved. At the same time, many of the architects who constitute this first selection have been invited to take part in prestigious international restricted competitions.

Although it was never one of its ultimate objectives, this present volume is number twenty-five in the series. For that very reason I felt this was a good moment to pause and look back over the entire body of work. This pause should be understood as following up the evolution of these architects' work, most of which has gained very ample recognition and acquired a new dimension in the process.

Some of the works included here appeared in the original monograph as a design scheme of a project in course of construction. In every case, the selection has been made in consultation with the architect.

Another question to be considered here is the eventual conclusion of this series. This is hard to imagine at the present time, as new architects and new titles continue to appear. In publishing this series our aim is to trace a line governed by parameters whose keys are the formal quality of the architecture and its significance in relation to a wider reality with an international and global message. While all of these architects share a major influence in the contemporary interpretation of the postulates of the Modern Movement, without assuming any of its dogmatism of excessively representational charac-

una mayor influencia en una actualizada interpretación de los postulados del Movimiento Moderno, olvidando su carácter dogmático y excesivamente representativo, también es cierto que todos ellos se han mantenido apartados de las fuertes corrientes de aire posmoderno, por citar uno de los movimientos pasajeros que mayor eco ha tenido en los últimos años. En cualquier caso siempre han tenido un interés por el lugar, por intervenir de una forma voluntaria modesta y ordenada sobre la ciudad, y por la reinterpretación de los fundamentos del clasicismo vinculados a la tradición para llegar a una abstracción y a una síntesis formal. Abstracción y síntesis que muestran y reflejan la simplicidad, la elección de nuevos materiales, así como la construcción que a partir de éstos, se ha podido desarrollar.

Estos conceptos, están unidos a unas ideas, a un método y a un resultado y por consiguiente, están sujetos a unos criterios que seguramente no serán compartidos por todos los que desarrollan su actividad en el ámbito de la arquitectura, ya sea dentro de un soporte de ejercicio profesional basado en la ejecución de proyectos, ya sea dentro de una actividad más teórica que en algunos casos viene compartida con la docencia. La opinión que algunos de estos críticos ha expresado en este libro y sobre esta colección, creo que expresa con bastante claridad el recorrido que puede formularse a partir de la elección de unos arquitectos. Sin duda para el responsable de esta serie, éste es uno de los riesgos que hay que asumir, y uno de los retos a afrontar para que el futuro de esta colección siga siendo una realidad.

Xavier Güell

ter, it is also the case that they have all kept their distance from the strong currents of postmodernism, to mention one of the more pervasive movements that have come and gone in recent years. All the architects here share a concern with the setting, with intervention in the city, and with reinterpreting the fundamentals of classicism in relation to tradition to arrive at abstraction and formal synthesis. Abstraction and synthesis that are reflected in the simplicity, in the choice of new materials and in the construction that has been developed on the basis of these.

These concepts are linked to certain ideas, to a method and a result, and are thus subject to particular criteria which will certainly not be shared by all those working in the field of architecture, be they engaged in the practical realization of projects or in more theoretical activity, in some cases combined with teaching. The opinions expressed in this book by a number of these critics on the subject of this series seem to me to express vey clearly the itinerary that can be formulated on the basis of the choice of certain architects. This is undoubtedly one of the risks that must be taken by the person responsible for the series, and one of the challenges to be met in ensuring that the future of this series may continue to be a reality.

Xavier Güell

Comentarios

Comments

En las cuatro páginas que siguen a estas líneas quedan recogidas algunas opiniones sobre la repercusión cultural de ésta colección. Una vez más quiero expresar mi agradecimiento a estas personas por su apoyo a esta iniciativa y por su desinteresada colaboración.

The following four pages present a variety of appraisals of the cultural impact of this series. Allow me to express here once again my thanks to the authors of these comments for their support and their wholy disinterested collaboration.

Catálogos de Arquitectura Contemporánea está haciendo un doble servicio cultutral.

El primer aspecto es haber "inventado" un grupo internacional de arquitectos con ciertas características comunes que, a primera vista, pueden parecer simplemente generacionales o territoriales –Europa es, sin duda, la base de la selección–, pero que, en realidad, alcanzan, incluso con prioridad, cierta coherencia metodológica y cierto parentesco en la actitud formal, a pesar de las evidentes diferencias individuales.

El segundo aspecto es haber introducido entre los lectores de lengua española una actualidad vibrantes en términos de fácil divulgación y, por lo tanto, como un instrumento de influencia entre las Escuelas y los jóvenes profesionales.

El resumen sintético de la colección en este volumen n.º 25 servirá para comprobar si con aquella coherencia y con aquella unidad diferenciada los 24 arquitectos pueden llegar a denominarse "los arquitectos de los Catálogos".

Oriol Bohigas

The Current Architecture Catalogues series provide a dual cultural service.

The first aspect is the fact of having "invented" an international group of architects with certain shared characteristics which, at first sight, might appear to be simply generational or territorial –Europe is, without doubt, the base of the selection– but which in reality assume –perhaps even primarily– a degree of methodological coherence and relationship in their formal approach, for all their evident individual differences.

The second aspect is that of having introduced the series' readers to a vibrant actuality in terms that are readily accessible, thus constituting an influential instrument of dissemination benefitting schools and young practising architects.

The summary and synthesis of the series in this volume n.º 25 will serve to determine whether, with that coherence and that differential unity, these 24 architects may come to be known as "the Catalogue architects".

Oriol Bohigas

Catálogos de Arquitectura Contemporánea goza de una acreditada fama de colección fundamental. Son demasiados los libros de arquitectura que se centran ahora en personalidades de sobra conocidas; diríase que los editores necesitan el aval de sus colegas para decidirse a consagrar un libro a alguna figura. Esta colección, sin embargo, presenta tanto a arquitectos que merecieron en su día una monografía como a los que quizá nunca disfruten del fervor popular.

Lo que brinda la colección, y de ahí su sello peculiar, es la mano conductora de un agudo *editor* que sabe reconocer una obra de calidad y que además confía en las dotes de sus lectores para hacer otro tanto. La mitad más o menos de los arquitectos que incluye son españoles, mientras que el resto refleja el gusto y los centros de interés de los primeros. Aunque en la creación de la mayoría se escuchen ecos múltiples, todos trabajan en el marco de un idioma moderno y abstracto; a todos interesa cómo se reúnen los edificios y cómo la presencia física de éstos dimana de la expresión sensible de

Catálogos de Arquitectura Contemporánea has established itself as an essential series. Too many architectural books focus on the same overexposed figures: publishers seem to need to be reassured that other publishers think someone is worthy of a book before they bring out their own. This series presents both those architects whom other publishers will one day lavish a monograph on, and, just as importantly, some who will never achieve such mass appeal.

What the selection shows, and acquires its particular flavour from, is the guiding hand of a particularly discriminating editor who can recognise a body of good work and be confident taht readers will too. About half the architects are Spanish, and the rest reflect the taste and interests of Spanish architects. Though in the work of most of them there are other resonances also, all the architects work within an abstract modern idiom. And all are concerned with the way buildings are put together, with the physical presence that comes from the sensitive expression of materials and construction. Hence the

los materiales y de la construcción. Así pues, la colección no sólo ofrece la obra de unos cuantos arquitectos contemporáneos, sino también una agradable antídoto contra el énfasis desmedido del que actualmente adolece la imaginería gráfica y escenográfica.

Peter Buchanan

Una reflexión sobre esta colección. Opino que su valor radica en la claridad con que presenta temas y obras arquitectónicas esenciales producidas por arquitectos contemporáneos de renombre. No obstante, lo principal es que se mantenga el nivel a gran altura.

William Curtis

Desde las famosas enciclopedias de arquitectura contemporánea con que nos obsequiara Alberto Sartoris, publicadas en Milán allá por los años cuarenta por Hoepli, nunca se había intentado tomar el pulso de la producción actual volcándose así en arquitectos que, sin ser jóvenes, se hallan a «mitad de camino». Huelga decir que no ha sido éste el único criterio de selección, es obvio que el *editor* ha ido a la búsqueda de aquellos arquitectos que han exhibido un cierto rigor tectónico, amén de una postura exigente ante la inflexión de la topografía y la articulación de la forma. A mi modo de ver, los veinticuatro volúmenes de que por ahora consta esta colección guardan los trazos de los más prometedores arquitectos de nuestro tiempo.

Kenneth Frampton

«La arquitectura no es sólo cuestión de seducción, de grandilocuencia, de imágenes espectaculares y sorprendentes; la arquitectura es disciplina artística que exige una mirada atenta y penetrante: eso es lo que demuestra la serie de monografías editadas por Gustavo Gili.
Por el elenco internacional de los arquitectos, por el rigor y la concisión en la presentación de sus obras, la colección permite descubrir, confrontar, profundizar y actualizar los problemas relacionados con la arquitectura. Se ha convertido en un extraordinario instrumento de conocimiento. ¡Felicidades!»

Jacques Lucan

series not only shows several of the most significant of contemporary architects, but is a gentle antidote to the overemphasis on mere graphic and scenographic imagery that curses our times. And, not least of the series' appeal is that the essays introducing each volume are also by some of the most significant architects and critics active today.

Peter Buchanan

Here is a thought about this catalogue series. I feel that the value of the catalogues is in their clear presentation of the main buildings and guiding themes of several recent architects of note. However, it is important to keep the level high!

William Curtis

Not since Alberto Sartoris' famous encyclopedias of contemporary architecture published in the late forties by Hoepli in Milan, has such an attempt been made to take the pulse of contemporary practice with, in this instance, a decided emphasis on architects who if they are not exactly young are certainly still in their 'middle way'. But this, needless to say, has not been the only criteria of selection, for the editor has patently sought out those architects who have somehow displayed a certain tectonic rigour and laconic but exacting attitude towards the inflection of topography and the articulation of form. This collection of twenty-four volumes now momentarily closed features, in my view, the most promising ethical architects of our time.

Kenneth Frampton

Architecture is not only a matter of seduction, of grandiloquence, of spectacular and surprising images, architecture is an artistic discipline which demands an attentive and penetrating gaze: that is what emerges from the series of monographs published by Gustavo Gili.
By virtue of the international scope of its architects, and the rigour and concision in the presentation of their work, the collection makes it possible to discover, confront, explore in depth and bring up to date the range of problems relating to architecture. It has established itself as an extraordinary instrument of knowledge. Congratulations!

Jacques Lucan

Catálogos de la arquitectura contemporánea. Ha sido y continúa siendo la colección de monografías dedicadas a la obra de arquitectos minimalistas de nuestro tiempo. Naturalmente, de un minimalismo entendido como categoría, no como tendencia.

La colección no parte de ningún apriorismo, pero ha contribuido a la definición de la categoría y ha elegido a los autores que iban a encarnarla.

Si recuerdo mi encuentro con Xavier Güell, en el restaurante al aire libre cerca del Born, para cenar juntos y comentar el texto que iba a escribir y publicar en uno de los primeros volúmenes de la serie..., si pienso en el cazatalentos incomparable del que Xavier hizo gala en la noche tibia, llena de fragancias de Barcelona y de gas urbano, no tiene por qué extrañarme lo que iba a suceder a continuación. Veinticuatro libros reveladores.

Al principio, cada catálogo era como el catálogo de una muestra temporal presentada en la galería principal de la ciudad. Con el tiempo, pasó a ser como el catálogo de una exposición instalada en el museo más importante de Barcelona.

En este momento, no pudo pronosticar si, en la veintiseisava monografía, la primera característica volverá a prevalecer sobre la segunda. De ser así, el libro debería versar sobre el excéntrico arquitecto italofrancés Italo Rota. En caso contrario, sobre las investigaciones del arquitecto y teórico italiano Giorgio Grassi.

Vittorio Savi

A mi entender, en un perído en el que el Hollywood Star System ha encauzado la atención hacia un puñado de arquitectos de gran, aunque a veces dudosa fama, la colección de monografías GG desarrolla una magnífica labor de alcance internacional al abarcar un espectro muchísimo más amplio. Si por un lado despierta el interés por un abanico extenso de obras importantes debidas a arquitectos en ejercicio, por otro facilitará a futuros historiadores una visión más ponderada y universal de la creación arquitectónica de finales del siglo XX.

Colint St. John Wilson

Current architecture catalogues. This has been and continues to be the series of monographs devoted to the work of minimalist architects. A minimalism, naturally, understood as a category, not a tendency.

The series does not set out from any a priori assumption, but has contributed to the definition of the category and selected the architects who were to embody it.

When I think back to my first meeting with Xavier Güell, in the open-air restaurant near the Born, to have dinner together and discuss the text I was to write for one of the first volumes in the series... when I think of the incomparable showcase for new talent which Xavier boasted of in the warmth of the night, full of the fragances of Barcelona and of city gas, I can hardly be surprised at what was to follow. Twenty-four revelatory books.

In the beginning, each catalogue was like the catalogue of a temporary show in the city's leading gallery. In time, it came to be like the catalogue for an exhibition installed in the most important museum in Barcelona.

At this moment in time I cannot tell whether, in the twenty-sixth monograph, the first of these characteristics will prevail over the second. If this should be the case, the book ought to be about the eccentric French-Italian architect Italo Roca. If not, about the researches of the Italian architect and theoretician Giorgio Grassi.

Vittorio Savi

I believe that, at a time when the cultivation of the "Hollywood" Star system has brought so much focus an a handful of architects of enormous (but in many cases very dubious!) reputation the GG series of monographs covering a much wider spectrum of achievement internationally serves an excellent purpose. On the one had it draws attention to a remarkably wide range of excellent work by living architects: on the other hand it will provide a more balanced and catholic view of late 20th century work to future historians.

Colin St. John Wilson

«Hay dos estados fundamentales en una práctica "consciente" de arquitectura. El primero es más privado, y la energía del desarrollo proviene fundamentalmente de los individuos que componen la práctica. El segundo, que es el que más me ha fascinado hasta ahora, por razones puramente egoístas, es el estado estelar, en el que una práctica se convierte en agenciamiento colectivo, y se alimenta fundamentalmente de fuerzas exteriores a sus estrictos componentes. Lo mejor de las monografías de GG es la perversa y sistemática aplicación de tecnologías exclusivas del estado estelar, a una serie de prácticas que funcionan a un nivel fundamentalmente privado, con consecuencias aún impredecibles...»

Alejandro Zaera

En los últimos veinte años el paisaje en el que nos vemos diariamente ha sufrido profundos cambios. Los significados que hasta hace muy poco hemos atribuido a palabras como ciudad, calle, casa, están desapareciendo. Estas palabras indican hoy realidades completamente nuevas.

Instalada en viejas formas de pensar tranquilizadoras, la mayoría evita cuidadosamente cualquier roce con estas realidades: prefiere ignorarlas, o considerarlas ajenas.

En cambio me parece necesario recoger y explicar los esfuerzos de quien ha dirigido una nueva mirada sobre la realidad que nos rodea, como ha sabido hacer esta colección.

Mirko Zardini

"There are two fundamental states in a 'conscious' practice of architecture. The first is more private, and the development's energy fundamentally comes from the individuals who make up the practice. The second, and the one that has most fascinated me up to now, for purely selfish reasons, is the stellar state, in which a practice becomes a collective agency, fed fundamentally by forces external to its components in the strict sense. The best thing about the GG monographs is the perverse and systematic application of the technologices exclusive to the stellar state to a series of practices which function on a fundamentally private level, with consequences that are as yet unpredictable..."

Alejandro Zaera

In the last twenty years the landscape through which we move daily has undergone profound changes. The significations that until very recently we attributed to words such as city, street, house are disappearing. These words today indicate completely new realities.

Settled inside old and reassuring ways of thinking, most people are careful to avoid coming into contact with these realities: they prefer to ingore them or dismiss them as remote and distant.

For my part I feel there is a need to gather together and explain the efforts of those who have looked with new eyes at the reality around us, as this collection has managed to do.

Mirko Zardini

1993

Abalos & Herreros
Ordenación del Área de Abandoibarra, Bilbao
Concurso 1º premio

En colaboración con Francisco Mangado y César Azcárate

Una ordenación no es un proyecto de arquitectura ni debiera abordarse como una megaestructura. Quizás sea algo próximo a una sistemática, fabricar condiciones, reglas de juego, para que la arquitectura pueda producirse. Se trataría de trasladar el foco de lo material al espacio entre las cosas, trabajar sobre el vacío: hacer un proyecto de aire, convertir lo dimensional, la distancia entre las cosas, en espacio público. Hacerse dueño del vacío. La propuesta de fabricar una isla –crear una topografía de centralidad– responde a esta mecánica: el nuevo centro representativo de Bilbao se sitúa en su ría, equidistante de sus márgenes, aislado, provocando así nuevas relaciones que conforman una identidad propia: un proyecto retroactivo sobre el soporte geográfico.

La frecuencia de los ciclos económicos sugería operar con fragmentos, sin pérdida ni ganancia de cualidad, siempre completos. Operar con una trama de edificios aislados sin relación funcional ni figurativa, a través de una mecánica de aproximación y rechazo que pretende regular la competencia provocándola en términos arquitectónicos. Los bloques no están quietos, son actuaciones individuales en competencia que se acodan hasta construir un espacio público de sístole/diástole: como los rappers en la pista, se excitan transmitiéndose su energía por movimiento. Tres torres emergentes, instrumentos de navegación, anclan esta trama y su figura sobre la ciudad.

Abalos & Herreros
Planning scheme for the Abandoibarra area, Bilbao
Ist prize competition project

In collaboration with Francisco Mangado and César Azcárate

A planning scheme is not an architectural project, nor should it be treated as a megastructure. Perhaps it is closest to being a systematic attempt to manufacture conditions, ground rules, which will favour the production of architecture. The aim then would be to shift the material focus onto the space between things, to work on the void: to execute a project in air, to make the dimensional, the distance between things, into public space. To dominate the void. The proposed creation of an island –the production of a topography of centrality– responds to this mechanics: the new emblematic centre of Bilbao is situated in the middle of the Ria, the estuary, equidistant from the city's marginal boundaries, isolated; it thus provokes new relationships which constitute its own particular identity: a project which retroactively engages with the geographical support.

The frequency of the economic cycle prompted the decision to proceed on the basis of fragments, with neither loss nor gain in quality: always complete. To work with a sequence of freestanding buildings, both functionally and figuratively independent, by means of a mechanics of approximation and rejection which seeks to regulate competition by provoking it in architectonic terms. The blocks are not static; they are individual interventions in competition, rising up to construct a systolic/diastolic public space: like a rap posse on the dancefloor, they excite and transmit their energy to one another through movement. Three projecting towers, navigational beacons, anchor this sequence and its figure to the city.

Diversos aspectos y fotomontajes de la propuesta

Various views and photomontages of the proposed scheme

Croquis, plantas y esquemas que explican la estructura de la propuesta

Sketch, plans and diagrams explaining the structure of the proposed scheme

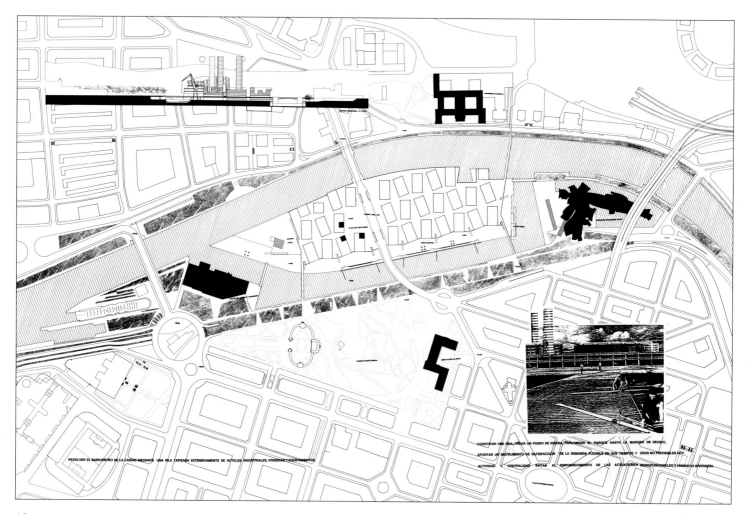

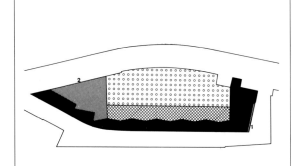

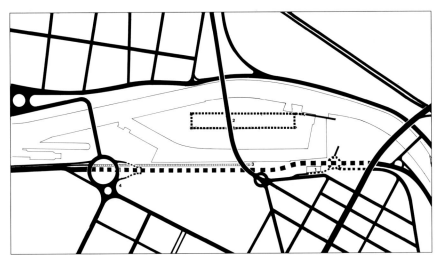

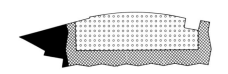

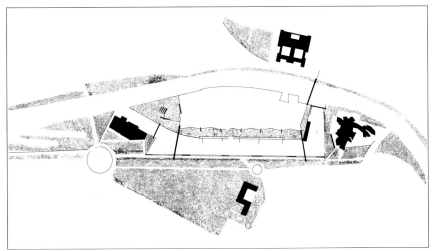

Alzados, perspectiva e imagen de la maqueta

Elevations, perspectives and view of the model

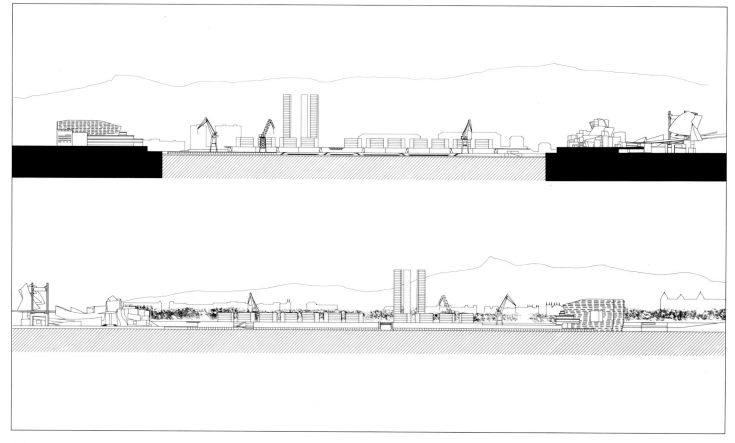

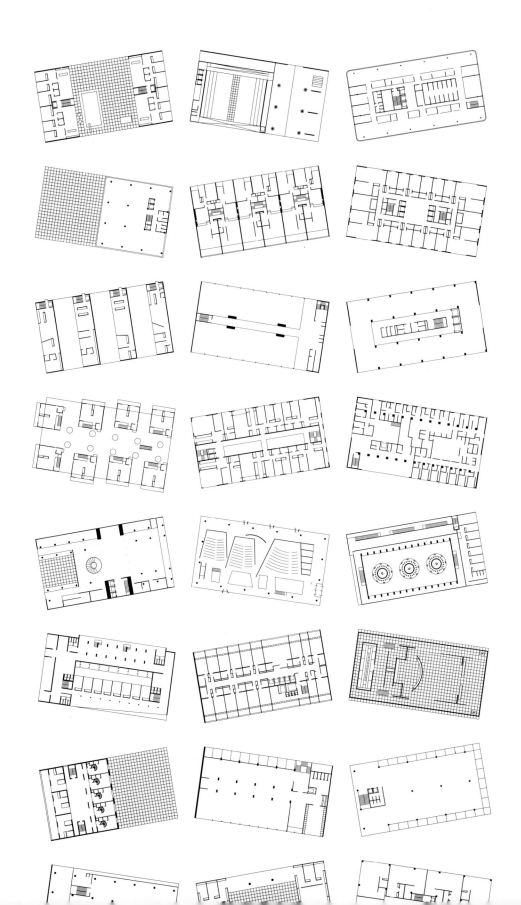

Plantas y diversas vistas del fotomontaje y de la maqueta

Plans and various views of the photomontage and the model

1991-1992

Bach/Mora

Estadio Olímpico de Hockey hierba y Club Natación Terrassa, Terrassa, Barcelona

con Carles Escudé y
Josep Mª Domènech
Fotografías: Lluís Casals,
Lourdes Jansana

Bach/Mora

Terrassa Olympic Hockey Stadium and Swimming Club Terrassa, Barcelona

*with Carles Escudé and
Josep Mª Domènech
Photographs: Lluís Casals,
Lourdes Jansana*

La zona deportiva «Abad Marcet» en Terrassa es un complejo deportivo de 14 hectáreas, distribuidas en dos grandes zonas. Una contiene el estadio de fútbol y la otra las instalaciones municipales de hockey hierba y las del Club Natación Terrassa: ambas zonas están separadas por una calle.

El conjunto, fruto de actuaciones parciales a lo largo de los años, presentaba una total anarquía en la disposición y diseño de sus elementos. La elección de este espacioso complejo como sede de las pruebas de hockey hierba para los Juegos Olímpicos de 1992 fue el detonante para una remodelación total, con vistas a dos objetivos básicos: la celebración de los Juegos de 1992 y la creación de una gran zona deportiva permanente para la ciudad de Terrassa.

Los criterios más relevantes de la actuación propuesta tienden a la remodelación total y al mantenimiento de las dos zonas mediante la ordenación de las múltiples entradas del conjunto, potenciando la entrada por la calle totalmente remodelada que separa las dos áreas, convertida en un paseo peatonal que une las dos zonas de la ciudad, las calles Abad Marcet y Roig Ventura (las entradas sur y norte al recinto).

The «Abad Marcet» sports complex in Terrassa covers 14 hectares, structured in two large areas. One of these contains a football stadium, the other the municipal hockey facilities and the Terrassa swimming club, divided by the street which runs between them.

The complex, the outcome of a series of partial interventions over the years, declares itself as totally anarchic in the ordering and design of its elements. The choice of this spacious facility as the venue for the hockey competition in the 1992 Olympic Games was the catalyst for a complete remodelling, with two objectives in view: to accommodate the 1992 Olympic Games and to provide a major permanent sports precinct for the town of Terrassa.

The predominant criteria governing the project are the complete remodelling of the complex and the conservation of the two distinct zones, together with the ordering of the numerous existing entrances, prioritizing access from the street which separates the two areas, entirely remodelled and transformed into a pedestrian thoroughfare linking the two different sectors of the town, by way of the two streets serving the north and south entrances to the complex, carrers Abad Marcet and Roig Ventura.

Sección y vistas del estadio

Section and views of the stadium

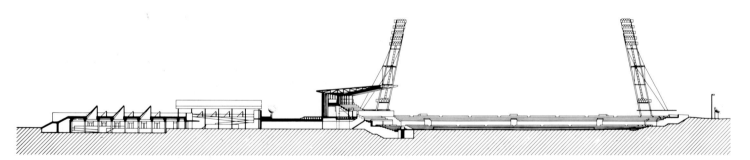

Plantas del conjunto y vista de una de las escaleras exteriores

*Plans of the complex and view of one of the
external stairways*

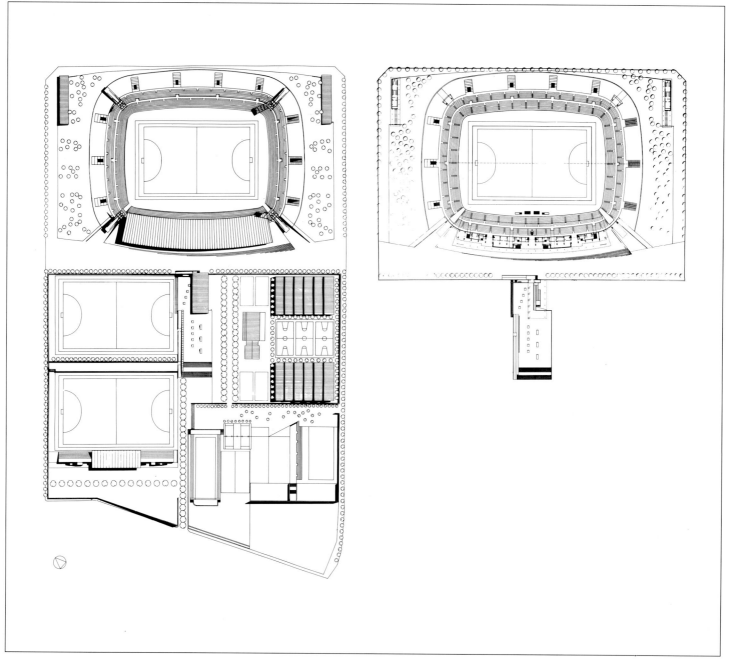

Páginas siguientes: vista de la marquesina del estadio y del pórtico de acceso a la piscina cubierta

Following pages: view of the canopy of the stadium and the entrance porch of the indoor swimming pool

27

28

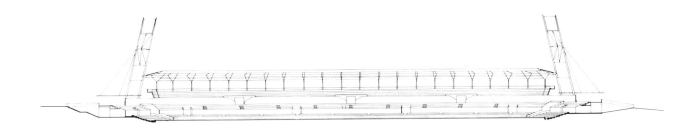

1992-1993

Bonell & Gil
Palacio Municipal de Deportes de Girona-Fontajau, Girona

Fotografías: Lluís Casals

El proyecto responde a un edificio sencillo, compacto, con una fuerte presencia volumétrica, capaz de asumir el protagonismo que el terreno y su entorno necesitan.

Al ser un edificio de carácter público asume su bajo presupuesto y resuelve los aspectos funcionales y constructivos, colocando cada parte del programa en el lugar más idóneo, facilitando el control y un mantenimiento posterior, lo cual permite, en definitiva, una buena rentabilidad.

Tiene además en cuenta los problemas topográficos y por su situación en la parcela es capaz de ordenar el entorno y ser el punto de partida de la futura área deportiva y de ocio.

Se proponen dos fachadas principales con dos accesos y dos vestíbulos. Una de estas fachadas, la NO., conectada con la nueva carretera de acceso de vehículos y personas, es la que dará la imagen del edificio desde la carretera. La SE., por ser la parte del edificio que ha de organizar y dar sentido arquitectónico al resto de un futuro parque deportivo, es un homenaje a la visión sugerida por la superposición de planos, que van desde el inmediato parque deportivo, el río, la masa arbórea de la Devesa y un fondo donde la imagen de la catedral y la nueva torre de comunicaciones son elementos puntuales del paisaje.

Al igual que en los palacios clásicos se ha querido distinguir entre la fachada que da acceso a la calle y la que da a los parques y jardines.

Bonell & Gil
Girona-Fontajau Municipal Sports Centre, Girona

Photographs: Lluís Casals

The project offers us a simple, compact building with a strong volumetric presence, capable of assuming the dominant role which the terrain and the context call for.

A building with a public character, which takes account of the problems posed by the topography, and derives from its siting on the plot its capacity to order its surroundings and form the basis for the future sports and leisure area.

A building which accepts the constraints of its budget and resolves the functional and construction aspects by situating each element of the programme in the optimum location, facilitating its running and maintenance, and thus ensuring its economic profitability.

The scheme posits two main facades, with two entrances and two vestibules. Of these, the north-west facade, fronting onto the new access road for vehicles and pedestrians, is the face that is presented to the public highway. The south-east facade, as the part of the building which will have to organize and give architectonic meaning to the rest of what will in time be a major sports park, pays homage to the vision evoked by the superimposing of different planes, from the immediately adjacent sports park, to the river, the wooded mass of the Devesa, and the backdrop provided by the view of a landscape in which the cathedral and the new telecommunications tower are key elements.

As in the classical palace, the architecture here clearly distinguishes between the facade giving access from the street and the one looking onto the parks and gardens.

Vistas de las dos fachadas: la del acceso principal y la posterior que mira al río

Views of the two facades: the main entrance facade and the rear facade overlooking the river

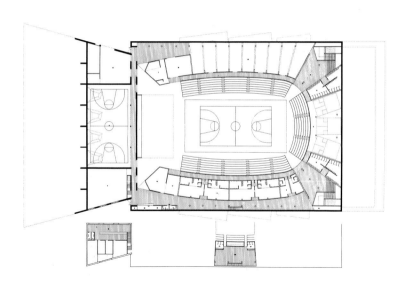

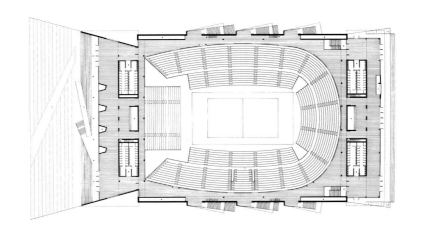

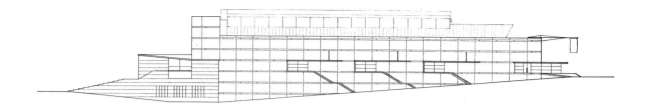

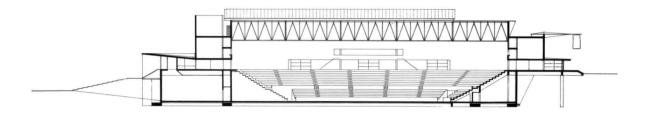

Páginas anteriores: plantas y dos fragmentos de
las fachadas

*Previous pages: plans and two partial views of
the facades*

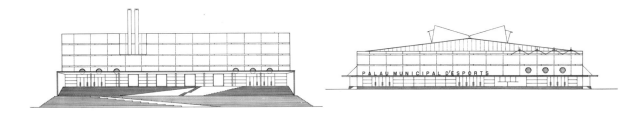

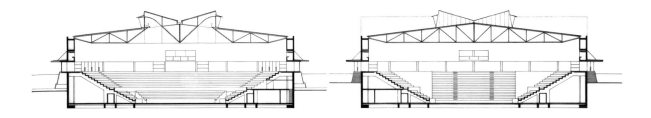

Alzados, secciones y vista del interior

Elevations, sections and view of the interior

Vista del interior y del hall interior y exterior de la
fachada posterior

*View of the interior of the hall and exterior view
of the rear facade*

Cruz/Ortiz

Estación de ferrocarriles Santa Justa, Sevilla

Fotografías: Duccio Malagamba

La zona elegida para la nueva estación central de viajeros de Sevilla, a pesar de encontrarse relativamente próxima al centro de la ciudad, estaba prácticamente sin urbanizar. Diversos factores, entre ellos la existencia de una estación de mercancías, habían preservado esta gran bolsa de terreno que acoge la nueva estación.

Este proyecto actuó como factor desencadenante de la reconversión de toda esta zona, que estaba baldía, en un área con intensa actividad urbana. Los enlaces que se construyen sobre el nuevo trazado del ferrocarril y que unirán partes próximas de la ciudad actualmente incomunicadas, han favorecido este proceso de reconversión.

El edificio se presenta, en cierta forma, como una estación término. El útil esquema funcional que este tipo de estaciones proporciona y el hecho de que una vez pasada la estación los trenes entren en un túnel atravesando la ciudad hacia el Sur, justifica esta decisión, a partir de la cual una cierta metáfora o analogía del movimiento se hace patente en el proyecto del edificio. Las seis naves bien diferenciadas que albergan los andenes se unen en un solo espacio alto y transversal, desde el que se produce la comunicación con el hall de viajeros y la marquesina de la entrada. Las diversas formas en que se hace llegar la luz tratan de reforzar esta sucesión de espacios.

Cruz/Ortiz

Santa Justa railway station, Seville

Photographs: Duccio Malagamba

The zone selected for the new main passenger station in Seville, despite its relative proximity to the city centre, presented a very low level of urban development. A number of factors, such as the presence of a goods station, had kept unbuilt this extensive plot of land on which the new station now stands.

The new station is intended to act as a catalyst in the urban renewal of this zone, transforming it from its present disuse and neglect into an area of intense urban activity. This process will be further facilitated by the links which will cross the newly structured rail network, connecting parts of the city which although close to one another were physically separated in the past.

The building presents itself to some extent as a terminal station. The more efficient functional layout of the terminal, coupled with the fact that southbound trains leave the station by way of a tunnel which takes them underneath the city, provide the justification for this decision, which at the same time gives rise to the metaphor or analogy of movement which manifests itself in the design of the building. The six clearly differentiated bays housing the platforms come together in a single tall transverse space, communicating with the passenger concourse and the entrance canopy. The different forms used to bring light into the interior serve to reinforce this sequential ordering of the spaces.

Situación y diversas vistas del exterior y del vestíbulo de la estación

Location plan and various views of the exterior and the station vestibule

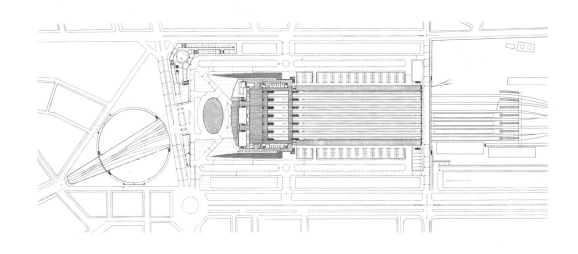

Planta, alzados, sección y vistas del vestíbulo y de los andenes

Plan, elevations, section and views of the vestibule and the platforms

Secciones y diversos fragmentos de los accesos mecanizados

Sections and various partial views of the mechanized accesses

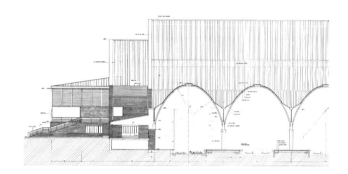
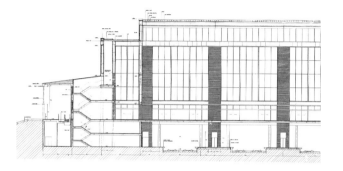

Páginas siguientes: dos vistas del interior de los andenes

Following pages: two views of the platforms in the interior

David Chipperfield
Wakehurst Place, Londres

David Chipperfield
Wakehurst Place, London

El acceso a Wakehurst Place no ayuda mucho a imaginarse la dimensión y naturaleza del parque que aguarda al visitante: un amplio aparcamiento asfaltado, bastante impersonal a no ser por el estanque y los árboles que lo rodean; la misma entrada es bastante discreta: una simple interrupcción en la cerca alambrada y la caseta de venta de entradas. Sin embargo, esta ausencia de formalidades resulta bastante esencial en el carácter de Wakehurst Place. A diferencia del caso de Kew, el visitante se adentra en una aventura más comprometida, menos urbana. Mientras Kew es un parque, Wakehurst Place es el campo.

Postura ante el programa

La construcción de un centro para visitantes, que ha de configurar las nuevas entradas y salidas, amenaza con destruir el carácter informal existente. Actualmente, las edificaciones de los jardines presentan un carácter ad-hoc; la barrera entre el «interior» y el «exterior» está controlada por una sola persona. (Casi no se tiene la sensación de manipulación.) La propuesta de un centro para visitantes no sólo implica una formalización sustancial de la entrada, sino que también especifica que uno de los primeros componentes visibles ha de ser una gran tienda. Aceptada por nuestra parte la necesidad de las instalaciones propuestas y sin cuestionarnos su ubicación, en nuestro proyecto hemos intentado tomar en consideración no sólo las innegables ventajas del nuevo edificio, sino respetar al máximo el carácter inherente a las preexistencias ambientales y las expectativas de los visitantes.

The approach to Wakehurst Place does little to indicate the dimension and nature of the Park that waits in store for the visitor: a large tarmac carpark, featureless save for the pond and its surrounding trees, the entrance itself being announced by a break in the wire fence, and a ticket hut. However, this lack of formality is quite essential to the character of Wakehurst Place. Unlike Kew, the visitor is embarking on a more involved, less urbane experience. While Kew is a park, Wakehurst Place is countryside.

Attitude to the brief

The construction of a visitor centre, forming the new entrance and exit, threatens to destroy the existing informal situation. At present the buildings in the gardens have an ad-hoc character; the barrier between being "inside" and "outside" is controlled by a single person. There is little feeling of manipulation. The proposal for a visitor centre implies not only a substantial formalisation of the entrance but also specifies a large shop as one of the first visible components. While recognising the need for the proposed facilities and while not questioning the location, we have tried, in our proposal, to take into consideration not only the inevitable advantages of the new building, but to regard the inherent character of the existing place and the expectations of its visitors.

Situación y planta de la propuesta

Site plan and plan of the proposed scheme

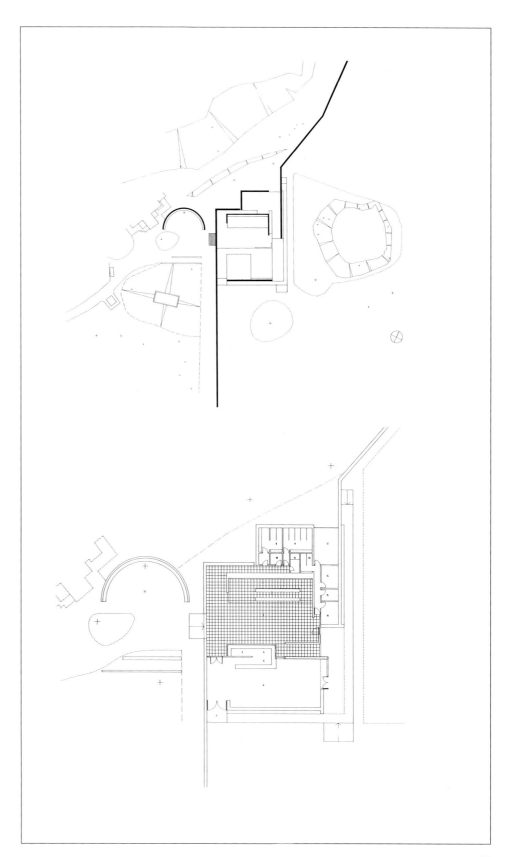

Diversas vistas de la maqueta

Various views of the model

1990-1992

Carlos Ferrater, José M.ª Cartañà
Hotel Rey Juan Carlos I, Barcelona

Fotografías: Lluís Casals,
Eugeni Bofill, FRIS

La construcción del espacio interior resulta de una serie de operaciones proyectuales y constructivas: la primera de ellas consiste en deslizar los encofrados de las plantas de habitaciones en un juego de poligonales que van reglando las diferentes superficies constituyendo la primera fachada interior. Este conjunto de planos cambiantes, además de dotar de un cierto dinamismo al espacio resultante, ayuda a controlar la acústica del gran vestíbulo.

Esta fachada se complementa con la interior formada por superficies elípticas y pilares cilíndricos, que recogen las entradas de las habitaciones.

Entre estas dos superficies, los corredores van variando de sección consiguiendo privatizar y rehuir las visuales desde el vestíbulo inferior. Se independizan las entradas y se obtienen visiones sesgadas del espacio central, al tiempo que se ofrecen vistas sobre la ciudad y las montañas a través de la gran vidriera orientada hacia el Norte.

Carlos Ferrater, José Mª Cartañà
Hotel Rey Juan Carlos I, Barcelona

*Photographs: Lluís Casals,
Eugeni Bofill, FRIS*

The construction of the interior space was determined by a series of design and building operations: the first of these consisted of staggering the forms of the successive floors of bedrooms in an interplay of polygons which effectively orders the different surfaces and thus constitutes the first interior facade. This sequence of changing planes not only endows the resulting space with a certain dynamism, it also helps to control the acoustics in the very large vestibule.

This facade is complemented by the interior constituted by the elliptical surfaces and cylindrical pillars marking the entrances to the rooms.

Between these two surfaces, the corridors undergo changes in section, emphasizing their privacy and screening themselves from the lower vestibule. The entrances are made autonomous, and there are oblique views of the central space, while the great north-facing glazed surface looks out on the city and the mountains beyond.

Axonometría, sección y vistas exteriores del hotel

Axonometric drawing, section and exterior views of the hotel

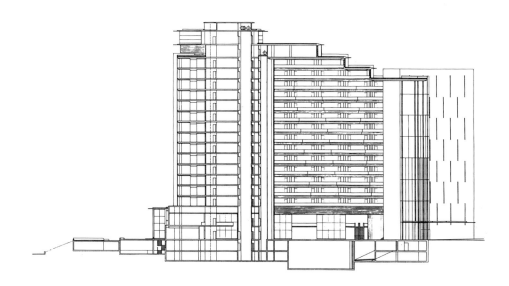

Diversos fragmentos de las fachadas

Various partial views of the facades

Páginas siguientes: dos vistas del hall del hotel

Following pages: two views of the hotel lobby

Dos vistas de los corredores que dan acceso a las habitaciones

Two views of the corridors leading to the bedrooms

Aurelio Galfetti
Biblioteca, Chambéry

El volumen de la Nouvelle Bibliothèque es un segmento de cilindro que, al ocultar por completo la cara del edificio, se convierte en la nueva fachada.

Su basamento macizo contrasta con la fachada curva y transparente que lo domina. Forma un porche de libre acceso bajo el que un volumen acristalado alberga la recepción de la biblioteca. Las dos masas macizas que contienen los locales comerciales subrayan los extremos del porche.

Tras la fachada se encuentran, transparentes y a niveles superiores, los principales espacios de la biblioteca.

El acceso se produce por una escalera monumental que parte de un vestíbulo enorme, presidido por la verticalidad, que ocupa el porche central de la actual sede curial. Las relaciones visuales y funcionales que vinculan la recepción y las tribunas accesibles al público, el interior de la biblioteca y el patio de la sede curial tienen lugar gracias a este «injerto» incorporado a la antigua estructura.

Se trata de un enclave muy importante, del soporte de todas las circulaciones internas de la biblioteca, del sitio hacia el que ésta se orienta.

Es además donde sucede el encuentro y la integración del Carré Curial con la Nouvelle Bibliothèque, de lo antiguo con lo nuevo.

Aurelio Galfetti
Library in Chambéry

The volume of the New Library is a segment of a cylinder, covering one whole side of the building whose new facade it constitutes.

This provides the massive plinth which contrasts with the curving and entirely transparent facade set on top of it. The base plinth forms a freely accessible portico, within which a glazed volume houses the Library's reception area. The two ends of this portico are marked by the pair of massive volumes accommodating commercial units.

The principal spaces of the Library itself are on the upper floors, behind the transparent facade.

These spaces are reached by way of the monumental staircase ensconced in the great vertical hall which occupies the existing central porch of the Curial. This «graft» onto the older structure brings the reception area and the public floors, the interior of the Library and the Curial courtyard, into visual and functional relationship.

This is a point of key importance, the basis of all the circulation routes around the Library, the place in which we orient ourselves.

It is the place which produces the meeting and interpenetration of the Carré Curial with the New Library, of the old with the new.

Situación, emplazamiento, perspectiva y vistas exteriores de la biblioteca y su entorno

Locatlon plan, site plan, perspective and exterior views of the library and its surroundings

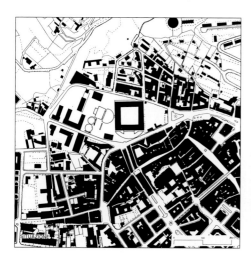

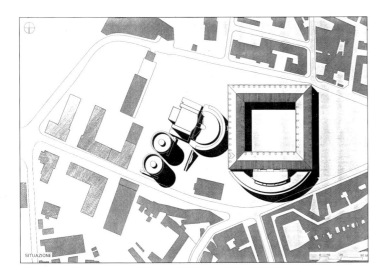

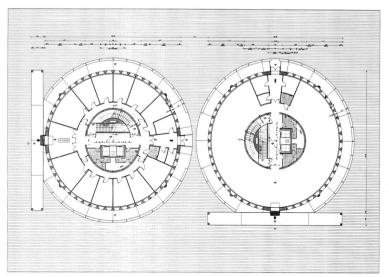

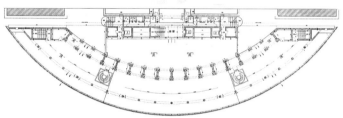

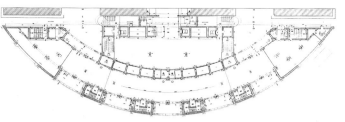

Plantas y diversos fragmentos del exterior de la biblioteca

Plans and various partial views of the exterior of the library

Alzados, secciones y diversos fragmentos del exterior de la biblioteca y del acceso principal

Elevations, sections and various partial views of the exterior of the library and the main access

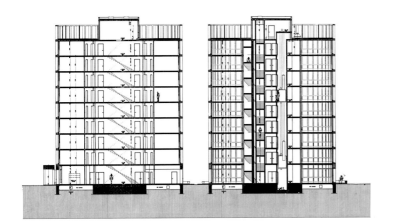

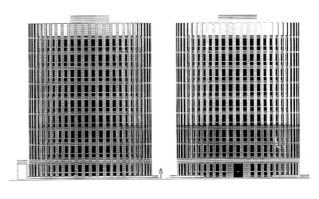

Sección y diversas vistas del interior con las salas de lectura

Section and various views of the interior with the reading rooms

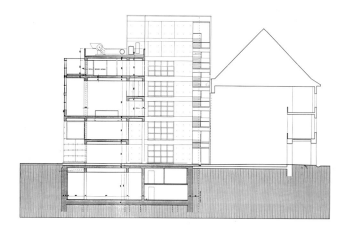

1988-1992

J. Manuel Gallego
Vivienda unifamiliar en Veigue, Sada, La Coruña

Fotografías: Javier Azurmendi

J. Manuel Gallego
Private house in Veigue, Sada, La Coruña

Photographs: Javier Azurmendi

Croquis, emplazamiento y vistas de la casa en su contexto

Sketch, site plan and views of the house in its context

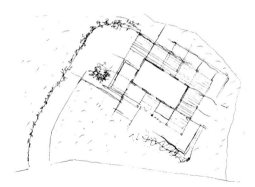

Vivienda unifamiliar de vacaciones en Sada, La Coruña, próxima a la costa, en un sitio aislado y con espléndidas vistas a la ría.

Al ser una vivienda de uso temporal e intermitente se planteó como un núcleo cerrado defendido y caliente, mármol en el exterior, tablero y madera en el interior, en la vivienda propiamente dicha.

La casa se puede abrir y el resultado es otra arquitectura más ligera que marca solamente el espacio de fuera. Una barandilla, un entramado ligero y un suelo horizontal. El resto debe ser el espacio natural y su vegetación, poco más.

Se discurre por los límites que se ensanchan y se transforman en espacios de transición de diferente calidad y usos. Éste será el espacio de uso temporal y variable; en invierno se puede refugiar en el núcleo.

En sección, el núcleo se constituye por un espacio de 2 plantas firme y anclado en el suelo. Los espacios de transición se cubren por un plano más ligero, inclinado con la pendiente del terreno, que corta el volumen del núcleo marcando una nueva referencia perceptible de forma diversa al ser atravesada por él.

Sobre esta parte ligera prenderá lo vegetal y cada estación con sus variaciones nos hará entender el tiempo, en contraste con la abstracción del refugio.

This private holiday house near the sea in Sada, La Coruña, occupies an isolated site with splendid views of the estuary.

Given that the house is for occasional use, it is conceived as a close nucleus, protective and warm, with marble on the exterior and wood and boards in the interior, the house proper.

This nucleus can be opened up to occupy a different and lighter architecture, to the degree that it merely indicates the passage from interior to exterior, a balustrade, a lightweight framework and a horizontal floor; beyond these, little other than the natural space and its vegetation.

The boundaries of the house expand, becoming transition spaces with different uses and qualities. This zone is intended for temporary, changing utilization. In winter, the nucleus of the house offers refuge, shelter and warmth.

In section, the nucleus is constituted by a 2-storey volume with solid foundations. The transition spaces have a lighter roof, its slope following the incline of the terrain, which cuts into the core volume, and in so doing constitutes a new and distinct reference, a new reading invited by its penetration.

The vegetation which covers the lightweight part of the house, changing with the changing seasons, will provide a reminder of time, in contrast to the abstraction of the refuge.

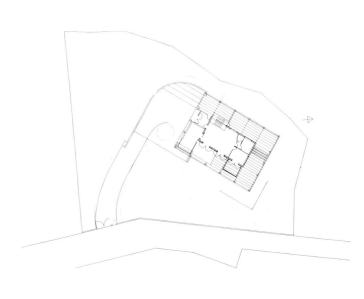

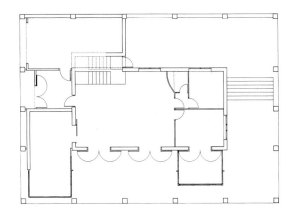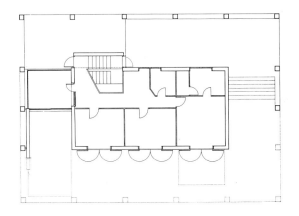

Alzados, secciones y diversos fragmentos del interior

Elevations, sections and various partial views of the interior

Garcés/Sòria

Barcelona Plaza Hotel, Barcelona

con Jordi Mir y Rafael Coll
Fotografías: Lluís Casals

Este hotel, situado en la Plaza de España, es fruto de dos motivaciones principales. Por un lado es la traducción arquitectónica del programa establecido por los promotores como gran Hotel de Ciudad, con toda la carga de actividad y representatividad que esto comporta. Por otro, pretende ser el atento reflejo innovador de las condiciones, sugerencias e historia que el lugar y el entorno, exigen.

El Hotel se ha proyectado con una planta anular, generosa y cómoda, a la manera de los grandes hoteles urbanos, con un hall extenso y animado, conectado a un gran patio interior que por sus dimensiones tiene la calificación de exterior. Estas dos piezas actúan como aglutinante del extenso abanico de usos que el hotel ofrece.

Garcés/Sòria

Barcelona Plaza Hotel, Barcelona

with Jordi Mir-Rafael Coll
Photographs: Lluís Casals

The hotel in the Plaça d'Espanya is the product of two principal motives. On the one hand, the architectonic interpretation of the programme established by the developers, that of the great City Hotel, with all the diversity of activity and weight of emblematic responsibility thus entailed. On the other hand, to constitute an accurate and innovative reflection of the circumstances, evocations and history of the place and its surroundings.

The hotel has been designed on the basis of an ample and commodious ring-shaped plan, in the manner of the great metropolitan hotels, with a sweeping, bustling hall leading into a large interior courtyard whose scale gives it an outdoor quality. These two elements serve to anchor the wide spectrum of uses the hotel accommodates.

Croquis, situación y vistas del hotel y su entorno urbano

Sketch, location plan and views of the hotel and its urban setting

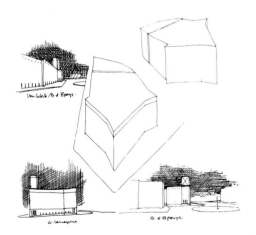

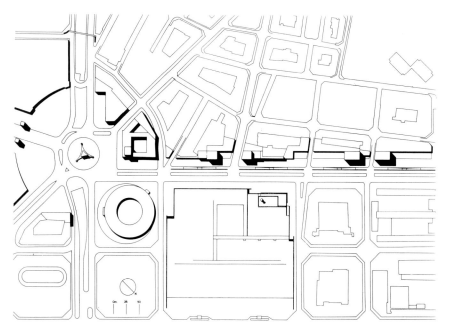

Plantas, vista de la fachada principal y fragmento del acceso al hotel

*Plans, view of the main facade and partial view
of the access to the hotel*

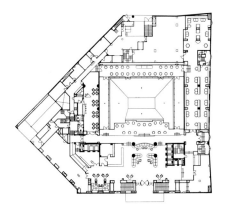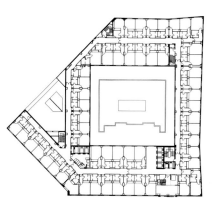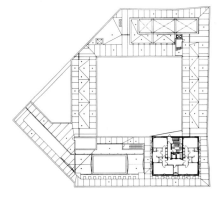

75

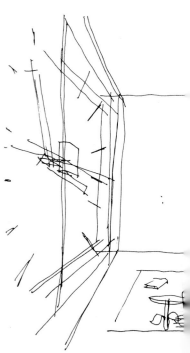

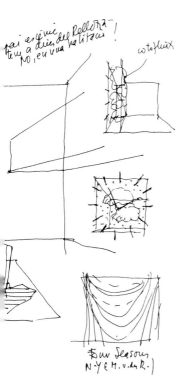

Páginas anteriores: vista del interior del patio, detalles de la fachada y croquis y vista desde el interior de la suite principal

Previous pages: view of the interior of the court-yard, details of the facade and sketch and view from the interior of main suite

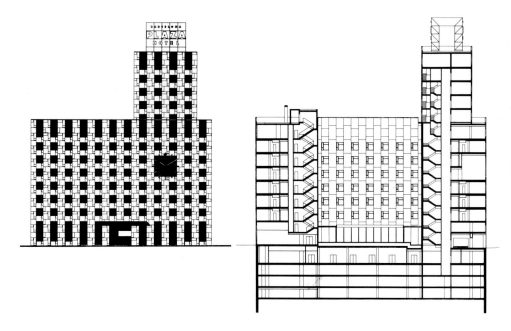

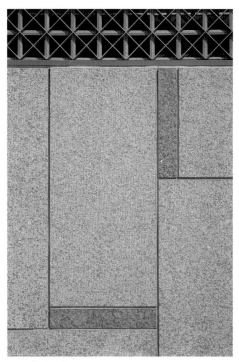

Croquis, alzado, sección, detalle del granito de la fachada y vista interior de uno de los corredores del hotel

Sketch, elevation, section, detail of the granite on the facade and interior view of one of the hotel corridors

Gullichsen/Kairamo/Vormala

Nuevo parque de bomberos, Helsinki

Gullichsen/Kairamo & Vormala

New fire station, Helsinki

Fotografías: Simo Rista

Photographs: Simo Rista

La dinámica de un parque de bomberos ofrece un potencial expresivo que a menudo se infravalora. No es éste el caso del nuevo Parque de bomberos de Erkki Kairamo, en el que los conceptos de velocidad, dirección y movimiento se han utilizado para generar una imagen adecuadamente potente.

Acabado a principios de 1991, el Parque de bomberos del barrio de Niittykumpu es el tercer encargo de edificio de este tipo en el distrito de Espoo, cerca de Helsinki. Está situado en un estrecho solar suburbano, a lo largo de una calle sin ningún otro interés especial.

Desde el primer momento, Kairamo identificó tres puntos que habrían de tener vital importancia en el impacto final del proyecto definitivo: la torre de entrenamiento, las autobombas y los postes de deslizamiento. La torre se ha emplazado en la esquina nordeste del edificio, para facilitar su máxima visibilidad desde la carretera principal; en el alzado este, los coches de bomberos aguardan agazapados tras unas amplias puertas automáticas transparentes; y, finalmente, los postes de deslizamiento constituyen hitos de referencia en las rutas de circulación interior del edificio.

The dynamics of a fire station offer a potential for expression that is often overlooked. But this cannot be said of Erkki Kairamo's new fire station where notions of speed, direction and movement have been used to generate an appropriately powerful image.

Completed earlier this year the Niittykumpu district fire station is the third such building to be recently commissioned in the Espoo district near Helsinki. It is situated on a tight suburban site lying along an otherwise uneventful roadside.

At the outset Kairamo identified three items of the programme that he felt should provide the visual impact in the final design: the practice tower, fire engines and firemen's poles. The tower has been placed on the north-east corner of the building for maximum visibility from the main road, the fire engines wait behind large transparent automatic doors on the east elevation and the firemen's poles are focuses for the circulation route within the building.

Emplazamiento y vistas del exterior del parque de bomberos

Site plan and views of the exterior of the fire station

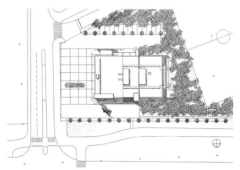

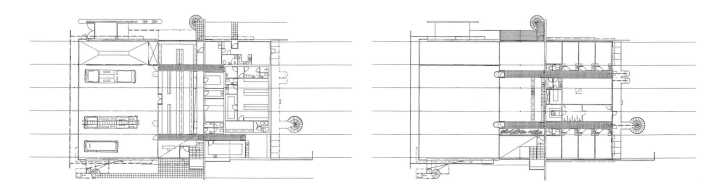

Páginas anteriores: plantas y dos vistas del exterior

Previous pages: plans and two views of the exterior

Secciones y vista exterior con la escalera metálica helicoidal

Sections and exterior view showing the metal spiral staircase

Páginas siguientes: dos vistas de la escalera helicoidal metálica

Following pages: two views of the metal spiral staircase

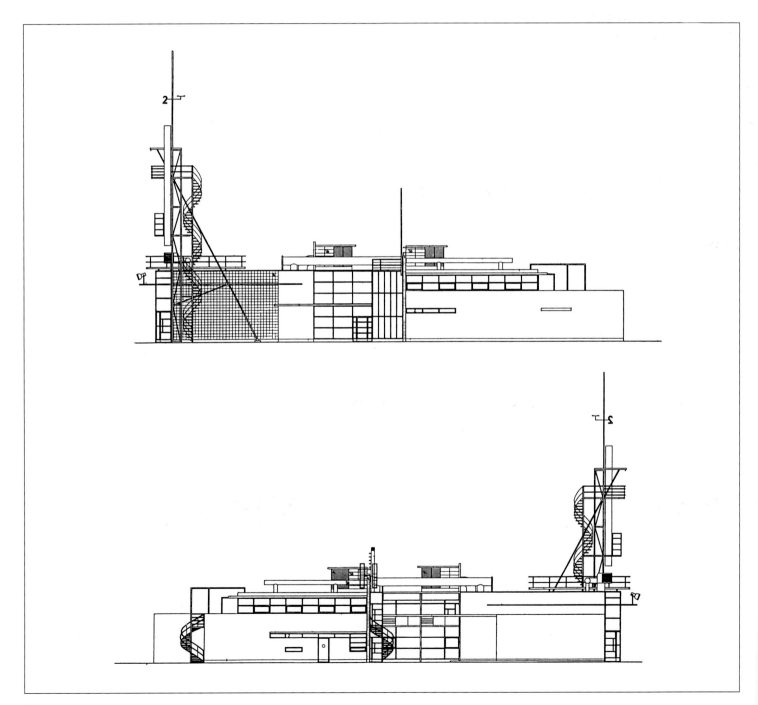

1991-1993

Herzog & de Meuron
Edificio comercial y residencial, Basilea

Fotografías: Margherita Spiluttini

Herzog & de Meuron
Commercial and apartment building, Basel

Photographs: Margherita Spiluttini

Este edificio comercial y residencial está emplazado en un solar situado en el interior de la ciudad medieval. Había, pues, que adaptarse a las angostas dimensiones (26 metros de fondo por 6,30 metros de ancho) típicas de la parcelación medieval. La arquitectura está fuertemente influida por la forma del solar, que se ha ocupado en su totalidad, y se expresa mediante una planta tipo y una sección muy adaptadas a la vida en una ciudad densamente edificada. Las viviendas se agrupan en torno a un patio central abierto por su lado sur a la parcela vecina; esta abertura lateral se proyectó no sólo para permitir la entrada de la luz natural y el sol a las viviendas, sino también para que se pudiera gozar de la visión de las ramas de un gran árbol situado en el patio vecino. El patio, a la manera de un periscopio, se retranquea en cada planta para separar las distintas viviendas.

This commercial and apartment building was built on a parcel located within the city's medieval perimeters. Thus the long (23 meters) narrow (6.30 meters) measurements typical of medieval parceling had to be accommodated. The architecture was strongly influenced by this parcel form which was utilized right to the back of the lot and exhibits a highly specific floor plan and section for life in a densely-built city. The apartments are each grouped around a central courtyard aperture that opens on one side to the neighboring parcel to the south. This side opening was not only intended to let light and sun reach the apartments but also to allow for the enjoyment of the branches of a large tree in the neighbor's yard. Like a periscope, the courtyard is recessed floor-by-floor to clearly separate the individual apartments.

Situación y vista de la fachada principal

Location plan and view of the main facade

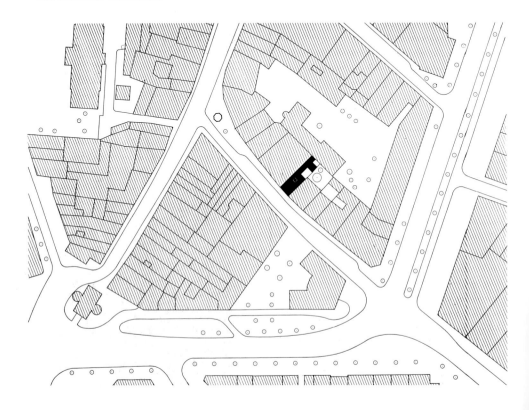

88

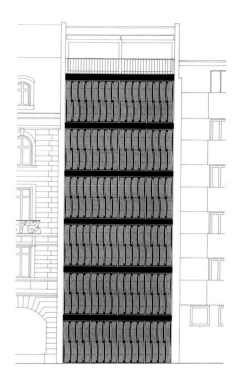

Alzado principal con las persianas corrugables abiertas y cerradas y vistas diurna y nocturna de la fachada

Main elevation with the concertina blinds open and closed and view of the facade by day and night

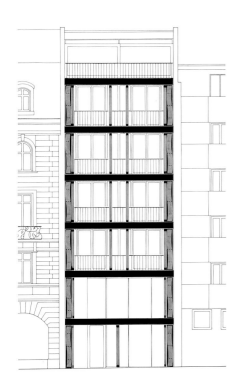

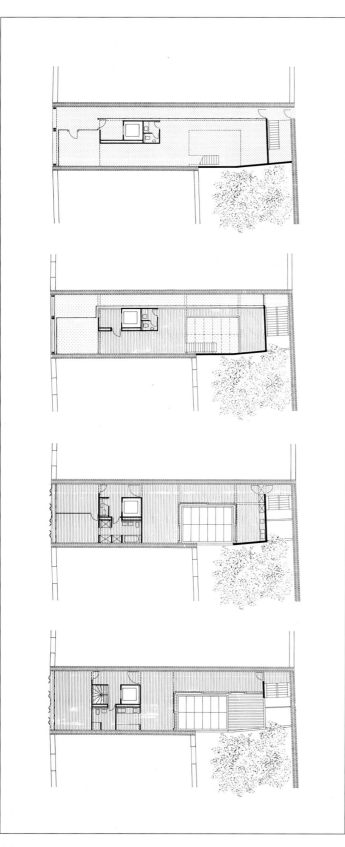

Sección y diversas vistas de la fachada posterior y del vestíbulo

Section and various views of the rear facade and the vestibule

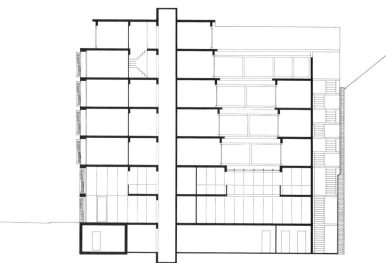

1990-1991

Carlos Jiménez
Lynn Goode Gallery, Houston

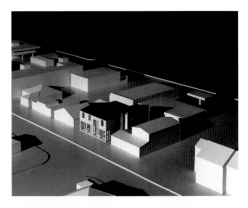

La Lynn Goode Gallery está situada en un barrio de uso mixto, conocido como el «Gallery Corridor» de Houston. El edificio de dos pisos, de estructura de madera y acabado en estuco, se ha proyectado expresamente para salvar los tres robles que crecían en el solar. El proyecto de 420 m² comprende galerías de distintas superficies y alturas y se adaptan a las limitaciones planteadas por la conservación de esos imponentes árboles.

Una escalera central divide, a la vez que integra, los espacios de exposición. También sirve de plataforma-puente, para que los visitantes puedan contemplar desde lo alto las diversas paredes de exposición y apreciar los interesantes encuadres que ofrecen las copas de los árboles. La constante presencia de las vistas revela la sutileza de los cambios de luz natural y de estación a lo largo del año, en contraste con el siempre cambiante ciclo de exposiciones.

La galería no es un mero contenedor de obras de arte, sino también un espacio que atesora la experiencia de contemplarlas. De ahí que se cumplan, simultáneamente, los objetivos de crear una sensación de espacio dilatado y de intimidad espacial, conforme uno se va desplazando de un lugar a otro. La luz natural, en su mayor parte procedente del este y del norte, penetra en el espacio ya filtrada a través del follaje de los árboles. El proyecto incluye un patio cerrado concebido como jardín de esculturas, un enclave de total privacidad sólo interrumpida por el susurro y la sombra de las ramas de roble sobre los luminosos muros estucados.

Situación, vistas de la maqueta, alzado y fachada principal del acceso a la galería

Location plan, views of the model, elevation and main facade of the access to the gallery

Carlos Jiménez
Lynn Goode Gallery, Houston

The Lynn Goode Gallery is located in a mixed use neighborhood known as Houston's «Gallery Corridor». The two-storey wood-frame and stucco structure is defined by three existing oak trees. The 4,500 square foot design incorporates gallery spaces varied in area and height within the prescribed limits of these towering trees.

A central stairway simultaneously divides and integrates each of the exhibition spaces. It is also a platform bridge from where visitors can overlook the various display walls as well as the framed vistas of the tree branches. The constant vistas unveil a subtle change of light and season throughout the year, contrasting with the ever changing cycle of exhibitions.

The gallery is not solely a container for works of art, but also a space that contains the experience of looking at them. Thus the spatial unfolding aims to create both a feeling of expansiveness and intimacy as one moves from one space to another. The natural light, mostly from the east and the north, enters the space already filtered by the sheltering trees. An enclosed courtyard has been included in the design as a sculpture garden, a place of total privacy interrupted only by the rustle and shadow of the oak branches across the bright stucco walls.

Páginas siguientes: dos fragmentos del exterior
del edificio

*Following pages: two partial views of the exterior
of the building*

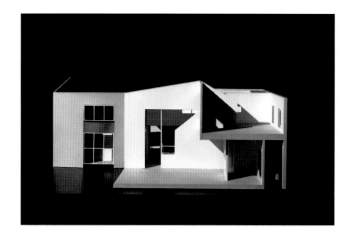

Plantas y diversas vistas del interior de la galería

Plans and various views of the interior of the gallery

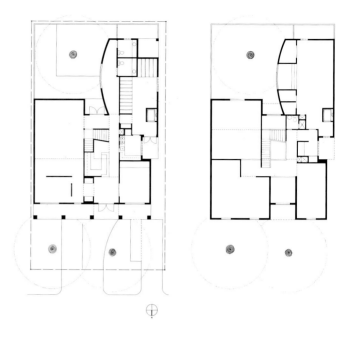

Páginas siguientes: secciones y dos vistas de
los recorridos del interior de la galería

*Following pages: sections and two views of the
itineraries through the interior of the gallery*

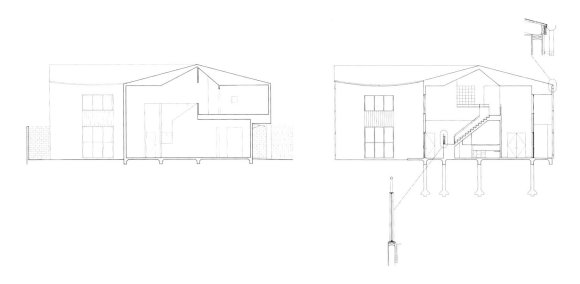

Hans Kollhoff, Christian Rapp

**Edificio de viviendas
KNSM-Eiland, Amsterdam**

En este proyecto tuvimos que trabajar ciñéndonos a un masterplan prefijado, que pretendía conseguir, como imagen directriz, la intensidad de grandes edificios aislados, pues se trataba de una antigua zona portuaria.

El solar rectangular del bloque de 170 x 60 m, con un patio interior de forma circular, se sometió paso a paso a una transformación morfológica: se tenía que tomar en consideración un edificio de viviendas existente y el bloque se recortó asimétricamente. Además, según los deseos de los futuros inquilinos, se debían mantener restos del antiguo parque portuario y, en consecuencia, se abrió el bloque en las cuatro primeras plantas de la fachada correspondiente. Finalmente, había que resolver la contradicción entre un edificio con patio y su emplazamiento en una orilla: el frente del bloque hacia el agua se aplastó para que entrase el sol de mediodía al patio interior y abrir vistas al mar para los habitantes del patio. Un ladrillo clinquer muy cocido, de color azulado, y la cubierta de aluminio, cuyo canto continuo acentúa (la armonía del cubo-el cubo de partida), le dan al bloque el peso (la fuerza) deseado. Los materiales naturales, trabajados artesanalmente con gran cuidado, convierten una gran forma ajena en algo familiar.

Hans Kollhoff, Christian Rapp

*KNSM-Eiland apartment
building, Amsterdam*

In Amsterdam we found ourselves faced with an already established master plan which sought to ensure, as a dominant ordering image for this former dockland area, the intensity of a series of large-scale free-standing buildings.

Step by step, the rectangular plot of the block, 170 by 60 metres, with a circular interior courtyard, was subjected to a morphological transformation: it was necessary to adapt to an existing apartment building, and the block was therefore cut asymmetrically. Moreover, the future residents had expressed a desire to conserve the old waterfront park, so the first four floors of the corresponding facade have therefore been opened up. Finally, there was a need to resolve the contradiction between a building with a courtyard and its siting on the waterfront: the side of the block facing the sea was flattened down to let the midday sun into the interior courtyard and provide the people living in the interior with a view of the sea. A well-known proprietary clinker block with a blueish colour, and the aluminium roof, with its pronounced continuous slope (the harmony of the cube-the cube as starting point), give the block the required weight (strength). The natural materials, worked with craft skills and care, convert the great alien form into something familiar.

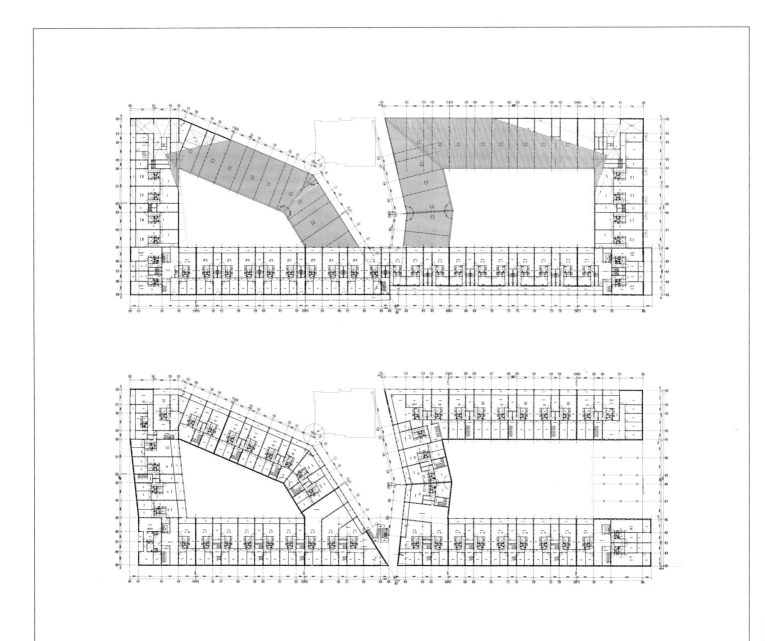

Dos vistas de las fachadas del edificio de viviendas
Two views of the facades of the apartment builcing

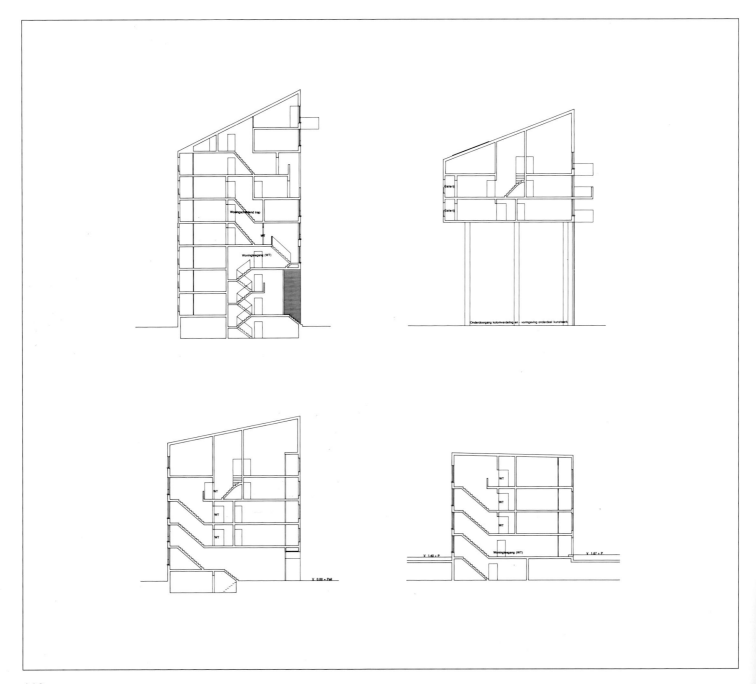

Secciones, planta cubierta y vista de la solución
adoptada en esta planta

*Sections, plan of the roof and view of the solu-
tion adopted for this level*

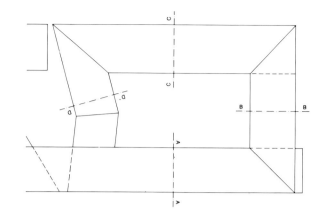

1992-1993

J.I. Linazasoro
Biblioteca Universitaria de la U.N.E.D., Madrid

Luis Sesé Madrazo, arqto. colaborador en el proyecto. Javier Puldain Huarte, arqto. colaborador en la dirección de obra
Fotografías: Javier Azurmendi

J. I. Linazasoro
U.N.E.D. University Library, Madrid

Luis Sesé Madrazo, collaborating architect. Javier Puldain Huarte, collaborating architect site supervision
Photographs: Javier Azurmendi

Plantas y dos vistas del exterior de la biblioteca

Plans and two views of the exterior of the library

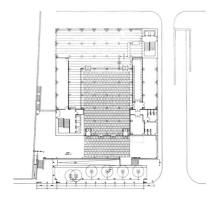

Se trata de un edificio voluntariamente hermético, cuyo contenido apenas se adivina desde el exterior, pero del que se intuye su condición de almacén: una especie de «silo» de libros.

Por su proximidad a la autopista y la amplia panorámica que desde el mismo se divisa, el edificio se debate entre la introversión propia de un espacio de lectura y la apertura hacia las bellísimas vistas de la Cornisa madrileña y la Casa de Campo. Por otra parte, se trata de una biblioteca organizada según el modelo anglosajón, es decir, de acceso directo a los libros por parte de los lectores, en la que el almacenamiento de los mismos y el área de lectura están interrelacionados.

La idea central del proyecto se basa en una superposición en altura de espacios herméticos entre sí: la sala de acceso o de pasos perdidos, la sala de lectura y almacenamiento: espacio unitario de seis plantas con circulaciones interiores por escaleras, y la planta de cafetería y administración.

Dos núcleos de comunicación comunes, dispuestos diagonalmente, permiten el acceso a los distintos niveles y espacios.

La sala de lectura a la que se accede a través de estos núcleos de comunicación, es un espacio centrado en torno a un hueco circular cubierto con un artesonado de madera que permite la entrada de luz cenital.

Todo el edificio está soportado en una retícula estructural de 4,5 x 4,5 m independiente del cerramiento exterior.

The building in question in intentionally hermetic, its content barely evident from the exterior, which nonetheless suggests its quality as a storehouse: a kind of «silo» for books.

Given its proximity to the motorway, and the panoramic views it commands, the building oscillates between the introversion associated with a space devoted to reading and an openness towards the beautiful views of Madrid's Cornisa and the Casa de Campo. At the same time, this is a Library organized in terms of the British and North American model, allowing readers direct access to the books, interrelating the library stacks and the reading area.

The central idea of the project is based on a vertical superimposition of individually hermetic spaces: the entrance hall or vestibule; the reading and storage room –a unitary six-storey space with stairs for internal circulation– and the floor accommodating the cafeteria and administrative offices.

The reading room, reached by way of these distribution nuclei, is a space centred on a circular void under a wooden coffered ceiling which supplies the interior with overhead lighting.

The entire building is supported by a 4.5 x 4.5 m structural grid, independent of the outer skin.

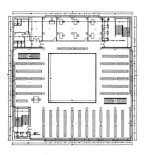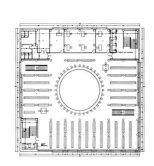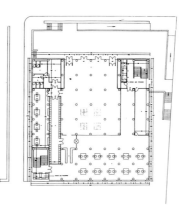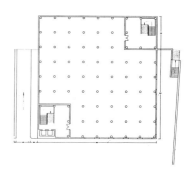

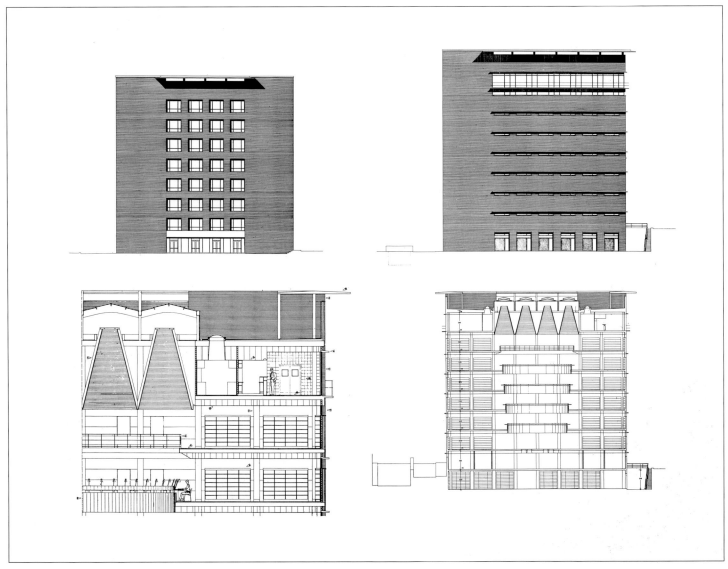

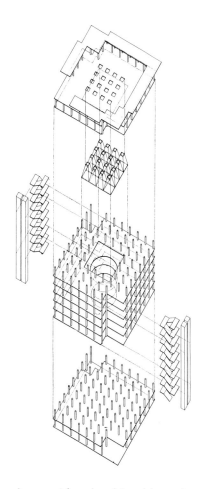

Axonometría y dos vistas del gran hueco central con las mesas circulares de lectura

Axonometric drawing and two views of the great central void with the circular reading tables

Páginas siguientes: detalles y diversas vistas del gran lucernario central

Following pages: details and various views of the great central skylight

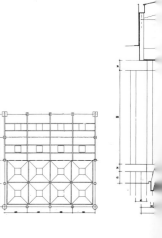

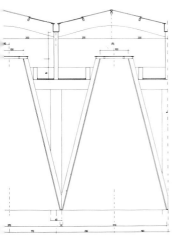

1992

Yves Lion
Edificio de oficinas, París

Fotografías: Jean Marie Monthiers

En el marco de una estrategia global desplegada en la periferia parisina se hace necesario fortalecer los lugares conocidos de ordinario como las «puertas», con el fin de encontrar, entre la ciudad y sus alrededores, un vínculo mejor y aprovechar las condiciones favorables para una expropiación de suelos relativamente estériles.

Desde un esquema sencillo que tiene en cuenta las limitaciones presupuestarias de la futura cobertura de las rondas entre la Porte d'Italie y la Porte de Choisy elaboramos una estrategia integral de la que este edificio de oficinas sea un primer eslabón.

La cercanía de la importante École Yabné, situada en la rue Léon Bollée, nos indujo a configurar la planta en el centro de modo que evidenciase al máximo el espacio público de este centro escolar y acrisolase su naturaleza institucional.

Bajo una fisonomía de tribunas libres, la construcción alberga un edificio de oficinas. La planta baja contiene el vestíbulo y un conjunto comercial que podríamos descomponer en una tienda, un bar con cocina y, eventualmente, un altillo y un restaurante de empresa.

Así se consolidará el carácter comercial de esta planta, compatibilizándolo con la animación que se presume existe en torno a la École Yabné y reforzando, a través de la Porte d'Italie, el vínculo entre las actividades comerciales que se desarrollan en la Avenue d'Italie y en el Kremlin Bicêtre.

Yves Lion
Office building, Paris

Photographs: Jean Marie Monthiers

There is a need, as part of the overall strategy for the outskirts of central Paris, to reinforce those areas commonly known as «portes», as a way of trying to find a more satisfactory connection between city and suburb and take advantage of positive conditions such as relatively low real estate values.

Accordingly, we have attempted to draw up, on the basis of a simple plan which takes account of the fiscal constraints imposed by the future covering of the ring-road between the Porte d' Italie and the Porte de Choisy, an overall strategy within which this office building is a first element.

The proximity of the important École Yabné in rue Léon Bollée prompted us to structure the plan so as to give this school building the greatest possible presence in the public space, emphasizing in this way its institutional character.

The new construction adopts a free floor plan in implementing its programme as office building.

The ground floor is occupied by the vestibule and commercial premises, which could comprise a shop unit, a brasserie with its own kitchen and, in due course, a restaurant on the mezzanine.

This affirmation of the commercial character of the ground floor is perfectly compatible with the dynamism appropriate to the area around the École Yabné, while serving at the same time to reinforce, by way of the Porte d'Italie, the link between the commercial activities along the avenue d'Italie and those on the Kremlin Bicêtre.

Planta y diversas vistas del edificio y su entorno urbano

Plan and various views of the building and its urban setting

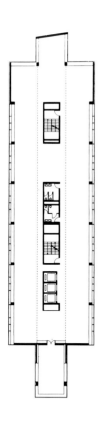

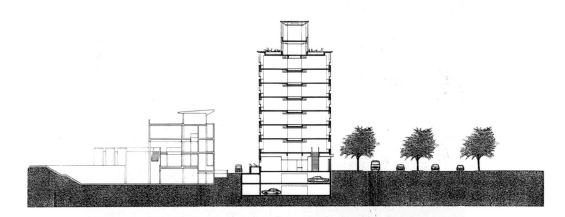

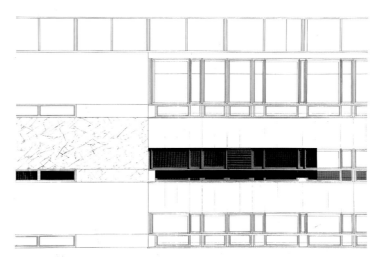

Diversas vistas del interior de las plantas de oficinas y del vestíbulo

*Various views of the interior of the office floors
and the vestibule*

Martínez Lapeña/Torres

Anexo Museo Kumamoto, Kumamoto
Transformación de un edificio de 1959 en anexo para exposiciones temporales del Museo de Artes Plásticas

Martínez Lapeña/Torres

Kumamoto Museum Annex, Kumamoto
Conversion of a 1959 building as a temporary exhibitions annexe for the Museum of Visual Arts

Fotografías: Hisao Suzuki, Elías Torres

Photographs: Hisao Suzuki, Elías Torres

Remodelar y renovar edificios existentes para darles otro uso, es una experiencia nueva en Japón. Terremotos, bombas y leyes del mercado han hecho desaparecer mucha de la arquitectura de las últimas décadas.

El edificio que se ha remodelado está situado frente al Castillo de Kumamoto, el monumento más emblemático de la ciudad.

Una biblioteca ocupaba los dos cuerpos independientes del edificio. Un tercer volumen los ha unido y en él se sitúan el vestíbulo principal y las escaleras mecánicas.

La fachada principal tiene dos grandes aberturas protegidas por gruesas marquesinas recubiertas de cobre (para resistir tifones). En la planta baja está la puerta de entrada; la otra abertura, en la *tea room*, está situada en la segunda planta y es una ventana alargada como las edificaciones que descansan sobre la primera muralla del castillo. La visión de la fortaleza tan sólo se redescubre desde esta estancia, después de recorrer los espacios sin ventanas de las salas de exposición.

Tres de las fachadas del nuevo volumen se han revestido con piedra de la zona de Kumamoto como si se les pusiera un delantal. El despiece a 45° recuerda al de las murallas situadas frente al museo. La fachada opuesta al castillo, donde están localizados los servicios, se ha resuelto con paneles pintados, por razones presupuestarias.

The conversion and refurbishment of existing buildings in order to equip them for different uses is something quite new in Japan. Earthquakes, bombs and market forces have between them caused a lot of architecture to disappear over the last few decades.

The remodelled building is situated opposite the Castle of Kumamoto, the city's most important monument.

A library occupied the two independent volumes of the building, connected to one another by a third volume which housed the main vestibule and the escalators.

The main facade has two large openings, protected against typhoons by heavy copper-clad canopies. The opening on the ground floor is the main entrance; the other, corresponding to the tea room on the second floor, is an elongated window, reminiscent of the constructions set atop the first great wall of the castle. It is only here, after passing through the succession of windowless exhibition galleries, that the fortress discovers itself to the eye once again.

Three of the facades of the new volume are clad with natural stone fom the Kumamoto region, as if they were wearing an apron. The cutting of the stone at 45° is again reminiscent of the castle walls directly opposite the museum. The facade furthest from the castle, which contains the services, has been finished with painted panels for reasons of economy.

Emplazamiento y vistas del edificio antes y después de la transformación

Site plan and views of the building before and after the transformation

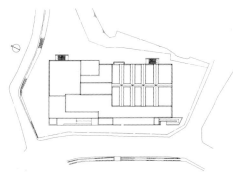

Páginas siguientes: diversas vistas y fragmentos de las fachadas

Following pages: various views and partial views of the facades

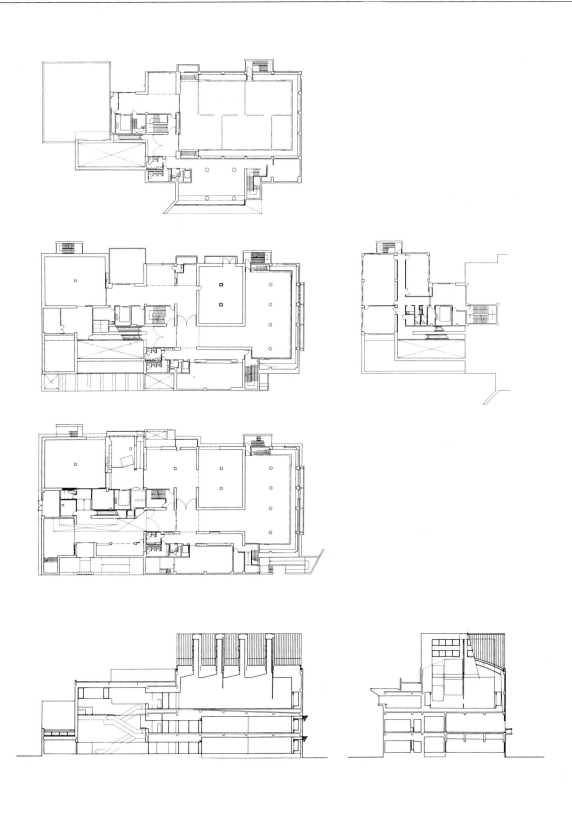

Plantas, secciones y dos fragmentos de la coro-
nación del museo

*Plans, sections and two partial views of the
crown of the museum*

Diversas vistas de distintas dependencias del museo

Various wiews of different rooms of the museum

José Luis Mateo

**Mixed Use, Barcelona
Aparcamiento, centro comercial, hotel, oficinas, y viviendas.
C/ Joan Güell, Barcelona.**

José Luis Mateo

*Mixed Use, Barcelona
Car park, shopping centre, hotel, offices and apartments.
C/ Joan Güell, Barcelona.*

con Josep Mª Crespo, Vicente Guallart y Jaume Arderiu, arquitectos
Fotografías: Jordi Bernardó, Ferran Freixa, Ana Muller

*with Josep Mª Crespo, Vicente Guallart and Jaume Arderiu
Photographs: Jordi Bernardó, Ferran Freixa, Ana Muller*

Situación y diversas vistas del edificio en relación a su entorno y fragmento de una de las fachadas

Location plan and various views of the building in relation to its setting and partial view of one of the facades

Una gran caja limitada por series de pilares dispuestos según la lógica de los movimientos de los automóviles, definen el orden geométrico de los volúmenes emergentes. Como en el iceberg, la mayor parte queda oculta, pero en la que emerge también podemos vislumbrar la presencia de fuerzas escondidas.

Dos bloques paralelos, deslizantes uno sobre el otro, encierran usos diversos: hotel, viviendas, oficinas.

Las viviendas utilizan el sector sur de los bloques, distribuyéndose sobre el testero y acentuando esta privilegiada situación. Las viviendas menos extremas tienen un corazón central móvil, en donde cerramientos de madera pueden compartimentar los espacios o unificarlos de lado a lado de sus fachadas.

Las oficinas, de planta libre, se organizan por la red del aire acondicionado. Básicamente son un espacio abierto.

El hotel utiliza el bloque con una distribución convencional sobre un pasillo central. Las plantas en contacto con el suelo tienen secciones complejas para ofrecer espacios específicos a los diferentes servicios (bar, hall, sala de convenciones), según la movilidad y los requerimientos de la luz.

El centro comercial es una caja negra que une los bloques. El paso interior, laberíntico, intenta posibilitar la visión global de todos los objetos.

A great box delimited by series of pillars distributed according to the logic of the motor car and its movements defines the geometrical order of the volumes projecting above ground. Like an iceberg, the greater part of the complex is submerged and out of sight, while the visible part suggests the presence of hidden forces.

Two parallel blocks, one sliding across the other, enclose different uses: hotel, housing, offices.

The housing occupies the southern sector of the two blocks, laid out on top of the wall, and accentuating its privileged position. Except at the extremes of the blocks, the apartments have a moveable central core, with wooden partitions to subdivide the interior or unify it in a single space running from one facade to the other.

The open-plan offices are organized in terms of the air conditioning system, and essentially constitute a free, undivided space.

The hotel utilizes the block on the basis of a conventional distribution scherme around a central corridor. The spaces at ground level are all complex in section, to provide the specific characteristics needed by the different service uses (bar, foyer, conference hall), on the basis of mobility and lighting requirements.

The shopping centre is a black box, linking together the two blocks. The labyrinthine interior corridor continually strives to give a global view of the whole complex of elements.

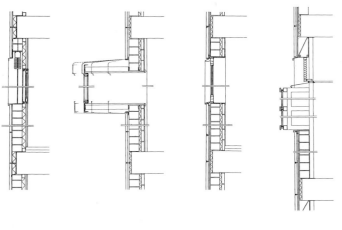

138

139

Plantas, sección y diversas vistas de los espacios que configuran los distintos accesos

Plans, section and various views of the spaces which constitute the different accesses

Páginas siguientes: diversas vistas de las dependencias del «Mixed Use»

Following pages: various views of the "Mixed Use" rooms

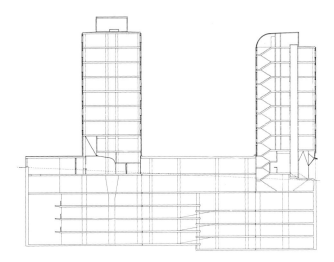

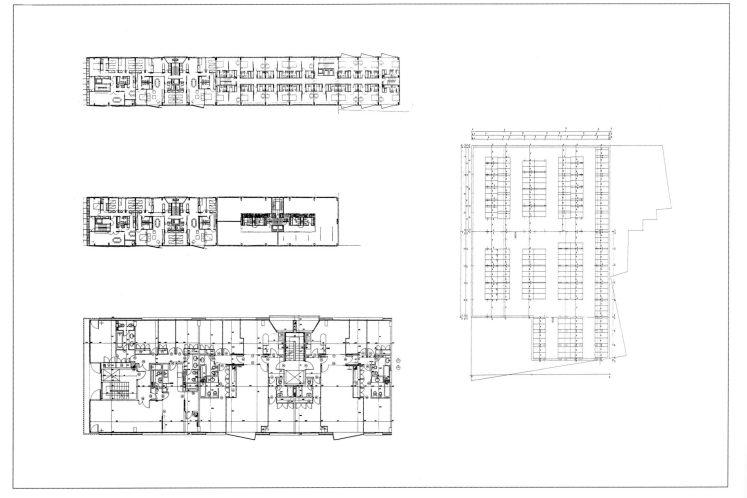

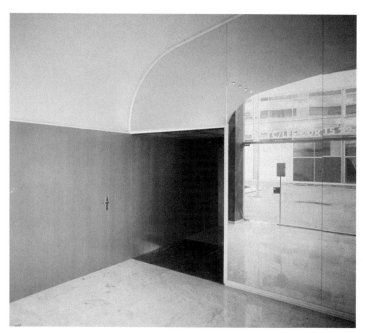

1990-1992

Gustav Peichl
El Foro EVN, Maria Enzersdorf am Gebirge

Gustav Peichl
The EVN forum, Maria Enzersford am Gebirge

Croquis y diversas vistas del exterior del edificio

Sketch and various views of the exterior of the building

El nuevo volumen, con «forma de trompeta», surge de las funciones interiores y de la continuación del eje central de circulación del edificio existente. En este eje se alínean los espacios de diferentes usos, los despachos y las salas de conferencias. La sala principal, concebida como polivalente, se encuentra en la planta sótano. La forma de la sala y del edificio ha surgido del deseo de crear un espacio unitario y bien proporcionado para 350 personas.

Piedra natural clara, estructuras de aluminio y elementos metálicos coloreados otorgan al volumen edificado una imagen apacible, que se integra muy bien en el conjunto. En el interior dominan las superficies blancas así como los revestimientos de madera de haya en paredes y techos, y los suelos de terrazo y linóleo.

Las tres plantas están conectadas por un hall central, con un lucernario situado encima de la escalera, y responden, tanto en proporciones como en materiales, a un efecto sensual del espacio.

The new volume, "in the form of a trumpet", is the product of the internal functions and the continuation of the central distribution axis of the existing building. Lined up along this axis are the spaces for the various different uses, the offices and the conference rooms. The main hall, conceived as a multi-purpose space, is situated on the basement level. The form of the hall, and of the building itself, was prompted by the desire to create a unitary, well-proportioned space for 350 people.

Light-coloured natural stone, structures of aluminium and coloured metal elements give the built volume a peaceful appearance which integrates itself very well with the complex as a whole. White surfaces predominate in the interior, together with wood cladding for walls and ceilings, and terrazzo or linoleum for the floors.

The three different levels are connected by a continuous central hall with a skylight positioned over the staircase, and in their proportions and materials manifest an effect of sensual spatiality.

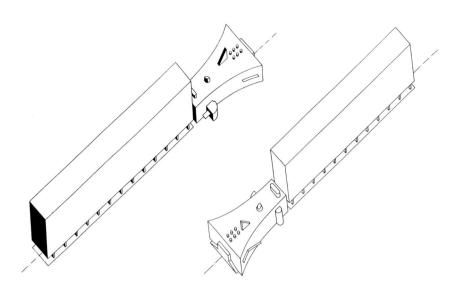

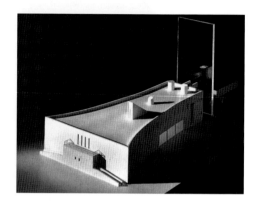

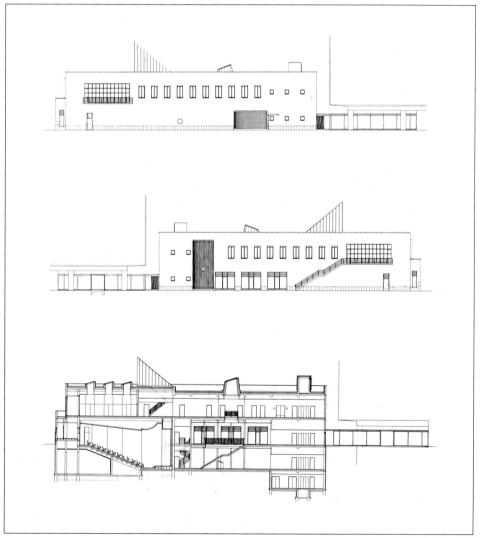

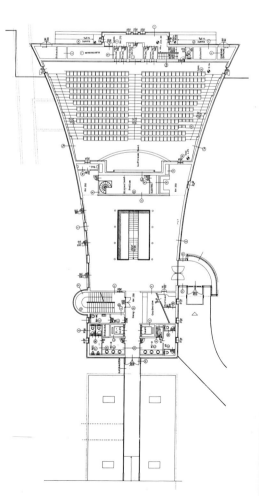

146

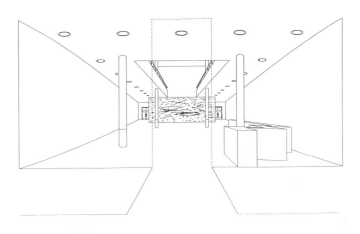

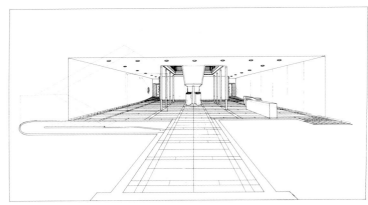

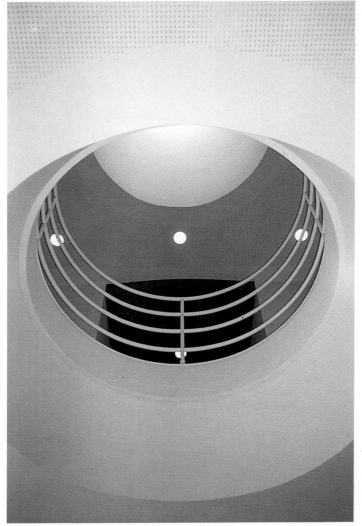

Páginas anteriores: planta, alzados, sección, vista de la maqueta y fragmento de la fachada lateral con la escalera

Previous pages: plan, elevations, section, vlew of the model and partial vlew of the side facade with the stairs

Perspectivas y diversas vistas del espacio central con la escalera y el óculo del interior

Perspectives and various views of the central space with the stairs and the oculus from the interior

1990-1994

Umberto Riva
Casa Miggiano, Otranto

La casa está situada en un área de reciente urbanización de la ciudad de Otranto. Su volumetría estaba definida por una normativa precedente.

El hermetismo de los frentes laterales, que dan a las desordenadas construcciones del entorno, contrasta con el carácter abierto de la fachada principal. Las grandes galerías y el vacío del patio, las terrazas reculadas y la visual de la pérgola orientan decididamente el edificio hacia el mar y el espacio abierto.

La estructura es de hormigón armado y las paredes de toba; el zócalo y las cornisas son de piedra de Lecce.

Umberto Riva
Miggiano house, Otranto

The house is situated in a new residential development in the city of Otranto. Its volumetry was defined in advance on the basis of a planning and volumetric study.

The blind side facades, flanked by the disorderly surrounding buildings, contrast with the open character of the main facade. The large galleries and the sunken space of the courtyard these open onto, the descending terraces and the spyglass in the pergola decisively orient the building towards the sea and the open space before it.

The structure is of tufa; the socle and cornices are of Lecce stone.

Croquis, emplazamiento y vista del exterior

Sketch, site plan and view of the exterior

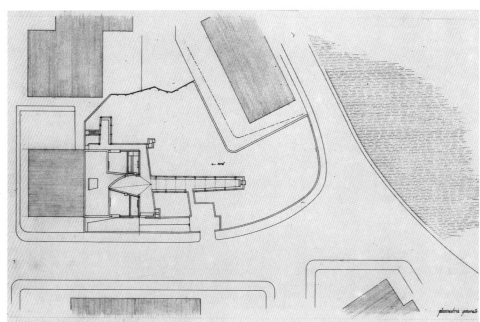

Páginas siguientes: plantas, sección y vista del exterior de la casa

Following pages: plans, section and view of the exterior of the house

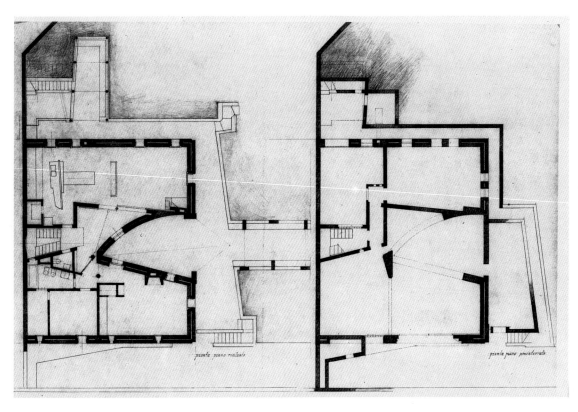

pianta piano rialzato   pianta piano seminterrato

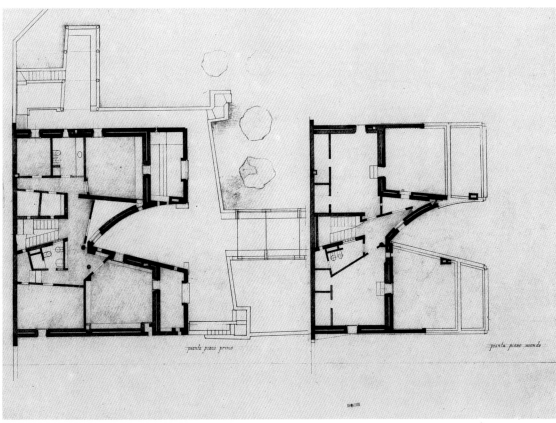

pianta piano primo   pianta piano secondo

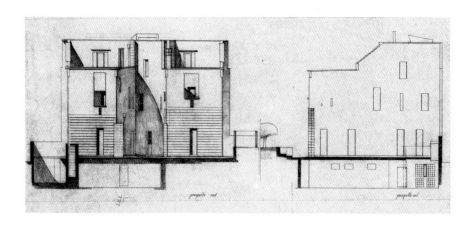

153

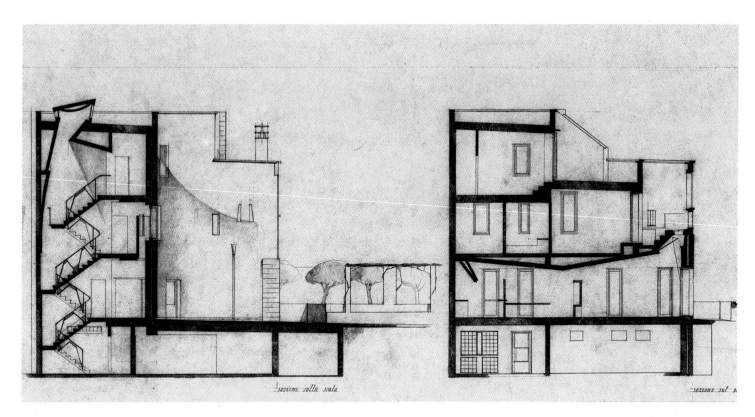

sezione sulla scala   sezione sul s

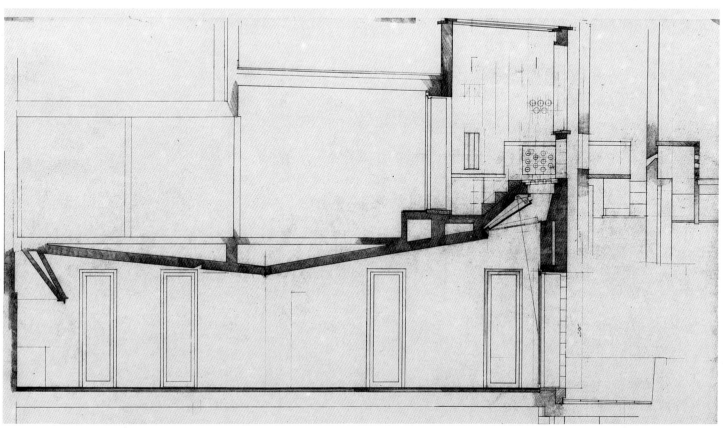

Secciones y dos vistas del patio y las chimeneas

Sections and two views of the courtyard and the chimneys

1989-1993

Souto de Moura
Departamento de Geociencias, Universidad de Aveiro, Aveiro

Fotografías: Luis Seixas Ferreira Alves

Las normas urbanísticas del «campus» y ciertas cláusulas del contrato informaron rigurosamente el proyecto: superficie construida: 4.314 m²; altura máxima: 3 pisos; longitud y anchura máximas: 80 m x 20 m; porcentaje para circulaciones: 20%; acabados fachadas: fábrica de ladrillo visto.

Con las «reglas del juego» expresadas, dato positivo en estos tiempos de tanta ambigüedad, el proyecto del edificio se desarrolló casi sin discusión, como una caja abierta cortada por un pasillo central.

La selección de los materiales presentó alternancias desde el anteproyecto hasta el proyecto de ejecución: paredes y techos exteriores en hormigón visto; paredes interiores revocadas en blanco; pavimentos de pizarra, a excepción de la madera de palo de Brasil en el auditorio; mobiliario de «tola» en color natural; carpintería de aluminio tipo Technal, también en color natural; la decisión final para los «brise-soleil» fue en color natural, rojo pulido.

Sobre este tema, tal vez existan soluciones más económicas, pero imágenes como la del antiguo mercado Manuel Firmino –depósitos y almacenes de sal pintados al óxido de hierro– siempre me han entrado más por los ojos que por el bolsillo.

Como dice Henry-Russel Hitchcock: «Las formas, los contornos y los modelos de la arquitectura, son las cosas que todo el mundo capta a primer golpe de vista, y que, sobre todo, tienen un valor que perdura», y no hay «campus» en el mundo que me pueda convencer de lo contrario...

Souto de Moura
Department of Earth Sciences, University of Aveiro, Aveiro

Photographs: Luis Seixas Ferreira Alves

The planning regulations for the Campus and certain clauses in the contract rigorously (in)formed the project: 4,314 m²: total area; 3 storeys: maximum height; 80m x 20m: maximum depth and width: 20 %: percentage for circulation routes; Exposed brickwork fot the facades.

With the "ground rules" thus defined, a positive factor in such changing times, the building presented itself almost without debate as an open box cut through by a central corridor.

The choice of materials evolved from the Base-Programme in the preliminary study to the Sketch Design in the construction drawings: exterior walls and roofs in exposed concrete; interior walls rendered in white; floors tiled, except for the auditorium, which is parquet; furniture in natural-coloured "tola"; detailing in aluminium, also natural-coloured, "Technal" type; a natural colour, a brilliant red, was the final decision for the "brise-soleils".

With regard to this, there may well have been more economical solutions, but I constantly have images such as that of the old Manuel Firmino market, with its salt stores painted rust red, before my eyes; I mean to say, in my hand.

Henry-Russell Hitchcock: "It is the forms, the contours and models of architecture which everyone first perceives and which have, above all, a lasting value", –and no "Campus" will ever make me say otherwise...

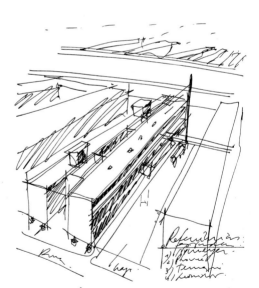

Croquis y vista exterior del edificio en construcción

Sketch and exterior view of the building in construction

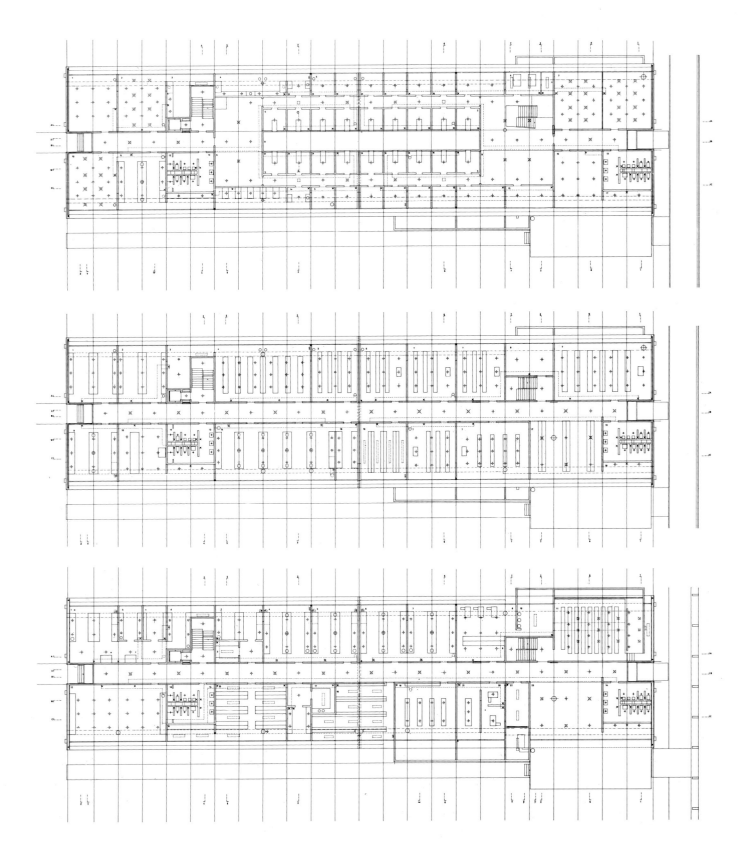

158

Plantas, alzado y vista de la fachada principal

Plans, elevation and view of the main facade

Páginas siguientes: diversos detalles de la fachada, sección transversal y vistas del interior

Following pages: various details of the facade transverse section and views of the interior

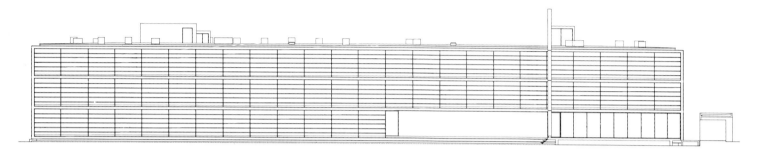

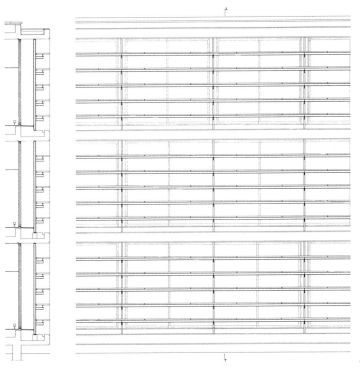

160

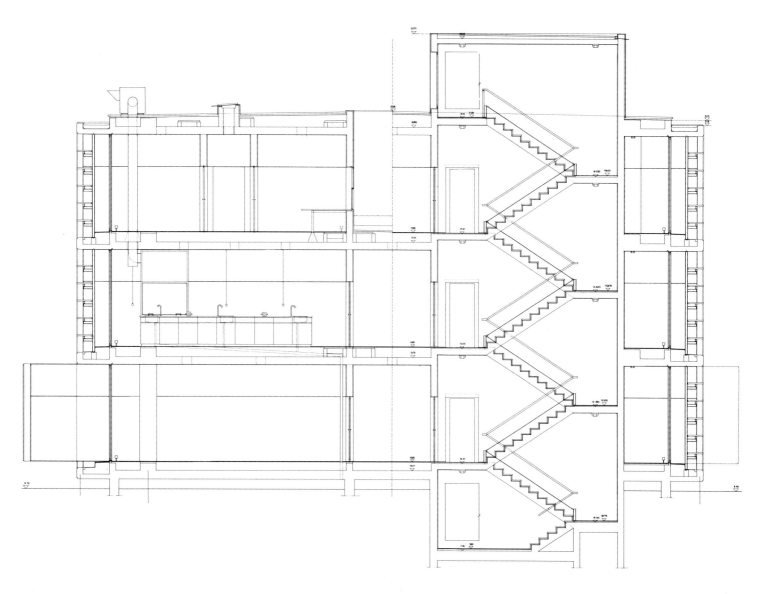

Livio Vacchini
Casa Costa, Tenero-Contra

Fotografías: Alo Zanetta

La casa es un rectángulo que mide 8,47 m de anchura por 17,74 m de longitud. Está formada por dos espacios idénticos, comunicantes, de forma muy alargada y abiertos por todos sus lados.

El forjado de la cubierta es una losa aligerada de hormigón pretensado de 54 cm de espesor, apoyada sobre seis machones de 1,13 x 0,53 m situados en las esquinas del edificio y en el centro de los lados más cortos. La luz libre en los lados largos es de 16,08 m.

La solera se apoya sobre un zócalo de hormigón armado construido perpendicularmente a la pendiente del terreno.

Los materiales empleados son: el hormigón armado en la estructura, el vidrio, el aluminio y la madera lacada en carpintería, el poliuretano en el pavimento, y el yeso en el cielo raso.

Livio Vacchini
Costa house, Tenero-Contra

Photographs: Alo Zanetta

The house measures 8.47 m in width and 17.74 m in depth, and is composed of two identical communicating spaces, extremely elongated and with openings on all sides.

The precast reinforced concrete roof slab has a thickness of 54 cm, and rests on six 1.13 x 0.53 m pilasters at either end of the construction. The span is 16.08 m.

The paving slab rests on a reinforced concrete plinth set perpendicular to the slope of the plot.

The materials employed are: reinforced concrete for the structure; glass, aluminium and varnished wood for the vertical surfaces, polyurethane for the floors and plaster for the ceiling.

Planta, alzados y dos vistas de la casa y su entorno

Plan, elevations and two views of the house and its surroundings

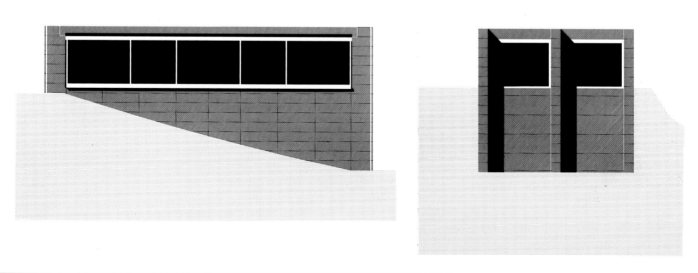

163

Alzado y dos fragmentos de las fachadas con
los testeros de los muros de hormigón

*Elevation and two partial views of the facades
showing the concrete walls*

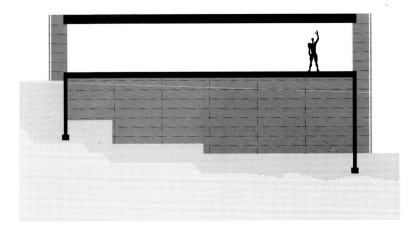

Dos vistas del interior de la casa, en relación al valle y al pueblo

Two views of the interior of the house in relation to the valley and the village

Vázquez Consuegra

Pabellón de la Navegación, Expo'92, Sevilla

Colaboradores: Ricardo Alario, Andrés López y Gerard Carty
Fotografías: Architecti Rui Morais de Sousa, Duccio Malagamba, Hisao Suzuki

Vázquez Consuegra

Navigation Pavilion, Expo'92, Seville

Assistants: Ricardo Alario, Andrés López and Gerard Carty
Photographs: Architecti Rui Morais de Sousa, Duccio Malagamba, Hisao Suzuki

El Pabellón de la Navegación, futuro Museo Marítimo de la ciudad, se propuso como una gran pieza neutra y capaz, pero lo suficientemente precisa como para obviar el carácter de contenedor sin definición arquitectónica. La cubierta metálica curvada que se constituye en fachada principal y en la que se advierten resonancias de viejos hangares y tinglados portuarios, ofrece su convexidad a la ciudad histórica y se propone como respuesta al planteamiento escalonado de la perspectiva hacia el río, buscando resolver de manera adecuada el tránsito del edificio con su contexto.

El edificio del restaurante se articula con el Pabellón mediante una gran rampa escalonada y cubierta, puerta al río, ofreciendo una relación visual directa de la Plaza con el muelle, los barcos y la ciudad.

Al final del pantalán que se adentra en el río se proyecta la construcción de una torre-mirador. Una torre de ida y vuelta, que se desdobla en dos piezas; una metálica y ligera, sobre el pantalán, con las escaleras de descenso y otra de hormigón blanco, que hunde sus cimientos en el río, conteniendo el sistema de rampas y ascensores.

The Navigation Pavilion, the city's future Maritime Museum, presents itself as a large, neutral, capacious volume that is nevertheless precise enough to avoid any suggestion of a container lacking in architectonic definition. The curving metal roof, which takes on the role of main facade, offering its convex surface to the historic city, evokes resonances of old waterfront sheds and warehouses; it asks to be seen as a response to the stepped composition of the view towards the river, seeking an appropriate resolution of the building's relationship with its context.

The restaurant building articulates with the Pavilion by way of a great covered stepped ramp, opening onto the river and offering direct visual links between the Plaza and the waterfront, the boats and the city.

At the end of the pier which juts out into the river there is a belvedere-tower. A tower for arrival and departure, split into two parts: a lightweight metal element on the pier, with steps leading down to the water, and a white concrete volume, with its piling sunk in the river, containing the system of ramps and lifts.

Croquis, alzados y vista del pabellón con el río Guadalquivir

Sketch, elevations and view of the pavilion with the river Guadalquivir

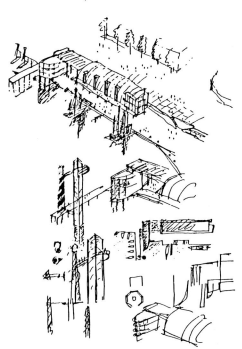

Páginas siguientes: planta y diversas vistas del
exterior del pabellón

*Followirg pages: plan and various views of the
exterior of the paviliion*

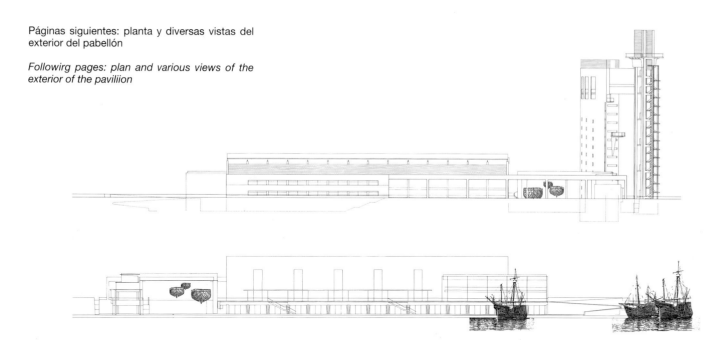

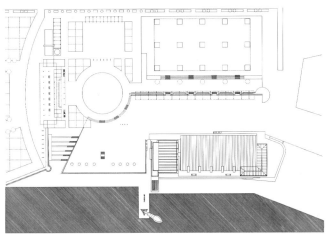

Plantas, secciones, perspectivas, detalles y diversas vistas del exterior y del interior del pabellón

Plans, sections, perspectives, details and various
views of the exterior and interior of the pavilion

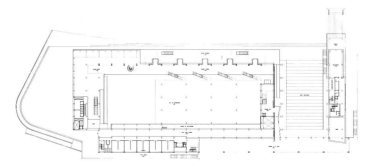 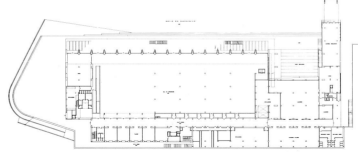

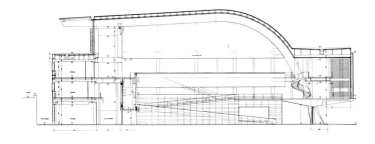

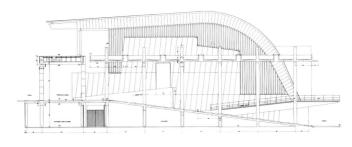

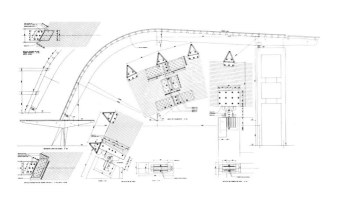

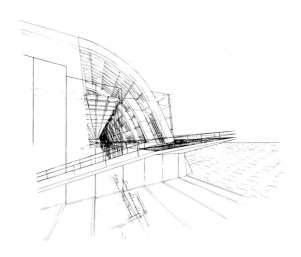

173

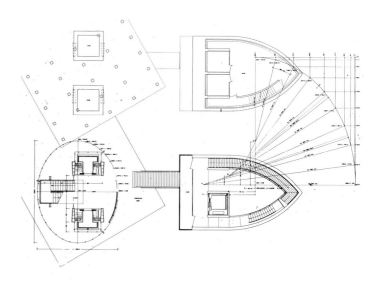

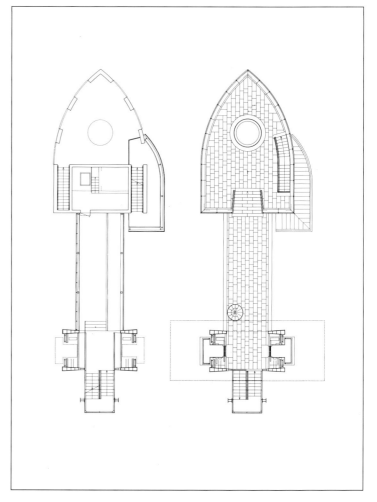

174

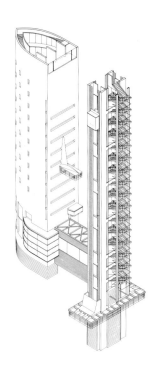

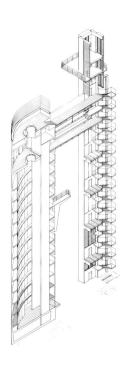

Páginas anteriores: plantas, axonometrías, vista y detalles de la torre anexa y dos vistas de las escaleras del interior del pabellón

Previous pages: plans, axonometric drawings, view and details of the annex tower and two views of the stairs in the interior of the pavilion

Dos vistas de la torre anexa: la cubierta y el espacio interior con la rampa perimetral

Two views of the annex tower: the roof and the interior space with the perimeter ramp

Francesco Venezia
Una casa en Nápoles, Nápoles

Francesco Venezia
House in Naples, Naples

Colaborador: Min Yee
Fotografías: Mimmo Jodice

Assistant: Min Yee
Photographs: Mimmo Jodice

La casa está recostada sobre la tobosa roca del monte Posillipo, ocupando un bancal a lo largo del escalón que conecta la carretera a media ladera con el mar. Bajo la casa, una gruta excavada en la roca a nivel del agua, una de las muchas que en Posillipo se usaban, y aún se usan, para resguardar las barcas.

Se trata de una casa preexistente a la que se han hecho modificaciones que afectan casi exclusivamente a los interiores.

Una gran «cáscara» de madera conforma la cavidad del atrio-sala de estar, sobre la cual se abren la minúscula entrada, la cocina y el dormitorio.

La forma de la «cáscara» de madera crea un espacio intersticial con los viejos muros de la casa. En el lado de tierra de ese espacio residual se han instalado todos los armarios y servicios de la casa; del lado del mar, el profundo intradós de las ventanas y de la abertura de paso a la pequeña terraza, abierta a la luminosidad del golfo.

El baño es la pieza terminal de la casa; el hueco de la ducha está excavado en la roca, repitiendo la forma de la bóveda de la gruta subyacente.

En la pared existente contra la roca tobosa se encuentra inscrito, en relieve rehundido, el fósil de una palma itálica.

The house stands on the tufa outcrop of Posillipo and occupies a terrace running the length of the slope between the coast road and the sea. Below the house, at water level, is a grotto carved out of the tufa by the sea, one of many such grottoes in Posillipo, some of which are still used as safe moorings for boats.

The house itself predates the refurbishment work, which was almost entirely confined to the interior.

A large wooden shell gives form to the cavity of the atrium-living room, onto which open a tiny entrance hall, the kitchen and the bedroom.

The bathroom is the last in the series of rooms: the basin for the shower, carved out of the natural tufa, is directly over the vault of the grotto beneath.

The projection of the wooden shell over the old walls of the house creates an alcove space. This space provides, on the landward side, all the house's cupboards and storage units, while on the seaward side it accommodates the deep window recesses and the void of the corridor leading out to the little terrace overlooking the lights of the gulf.

The fossil of an Italic palm has been impressed into the wall abutting on the tufa shelf.

Situación y diversas vistas del emplazamiento de la casa y su interior

Location plan and various views of the siting of the house and its interior

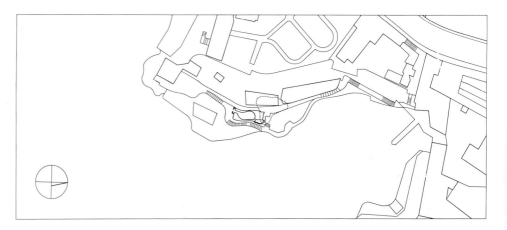

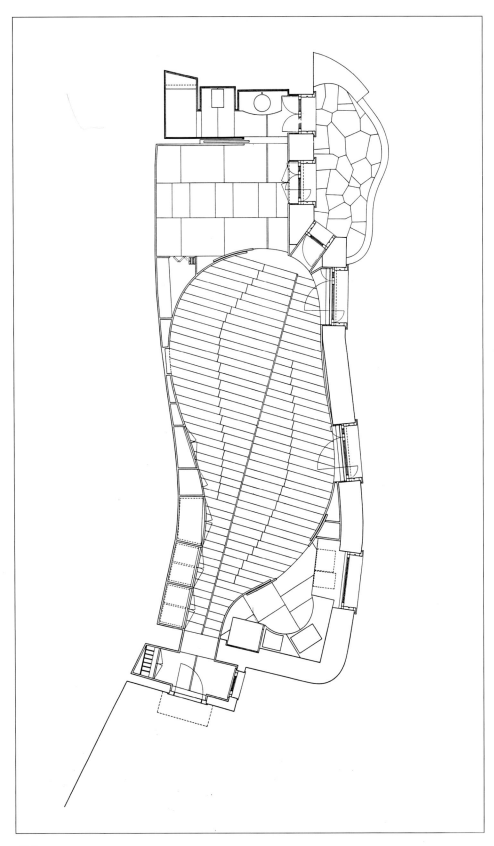

Croquis, planta con el despiece del pavimento y
vista del interior

*Sketch, plan showing the layout of the paving
and view of the interlor*

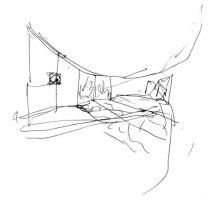

Sección y diversas vistas del interior de la casa

Section and various views of the interior of the house

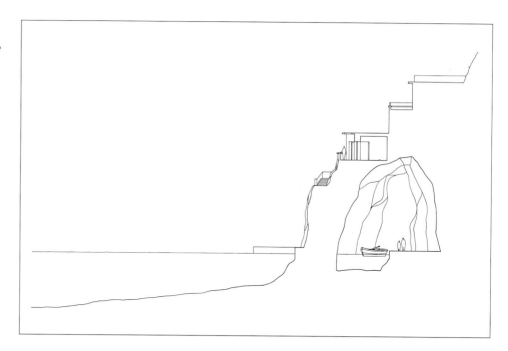

Harry Wolf
Edificio de oficinas, Amsterdam

Para las oficinas centrales de una entidad en Amsterdam, proyectamos un elemento singular, muy concentrado, que produce una poderosa y memorable imagen de la institución, gracias a su franqueza y vigor geométrico.

Con esta forma inmediatamente aprehensible, cada intervención es como una declaración, y cada inflexión introducida en la torre cilíndrica de oficinas contribuye a enriquecer el carácter urbano del edificio; desde la omisión de un cuadrante del cilindro a nivel de la terraza comedor, para crear una plaza o mirador elevado, hasta la gran ventana «urbana» de ocho plantas orientada a un cercano barrio residencial, hacia el sur. Similar carácter tiene la muesca de 18 plantas introducida en la zona oeste del cilindro para anunciar a distancia la existencia de una entrada peatonal.

Resplandeciente durante el día debido a su cristalino aspecto, y en continuo cambio por la incidencia del sol y las fluctuaciones de la luz ambiental, este edificio pretende encarnar la sempiterna preocupación por la luz en los Países Bajos; esto es, la asociación de luminosidad, precisión y probidad en todos los asuntos.

Este luminoso aspecto se complementa con su recíproco nocturno, cuando el edificio, iluminado interiormente, brilla como una farola que se alza en medio de la noche urbana.

Harry Wolf
Head office building, Amsterdam

For the new Head Office, we have proposed a singular, highly concentrated element, which, because of its geometric strength and directness, produces a powerful and memorable image for this institution.

With this immediately apprehendable form, every intervention is an announcement and each inflection introduced into the cylindrical office tower is intended to enrich the urban character of the building; from the omission of one quadrant of the cylinder at the Dining Terrace Level, thereby creating an elevated plaza or belvedere, to the 8-storey urban window oriented to a nearby housing quarter to the south. By a similar token, the 18-storey slot let into the cylinder on the west is meant to indicate, from a distance, a principal pedestrian entry.

Irradiated by its crystalline appearance during the day and constantly changing with the sun and with the fluctuations of the ambient light, this building is intended to embody the long-standing concern for light in the Netherlands; that is, the association of luminosity, precision and probity in all matters.

This luminous appearance will find its reciprocal form at night when the building, illuminated within, will shine like a beacon in the civic realm.

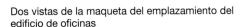

Dos vistas de la maqueta del emplazamiento del edificio de oficinas

Two views of the model of the office building in its context

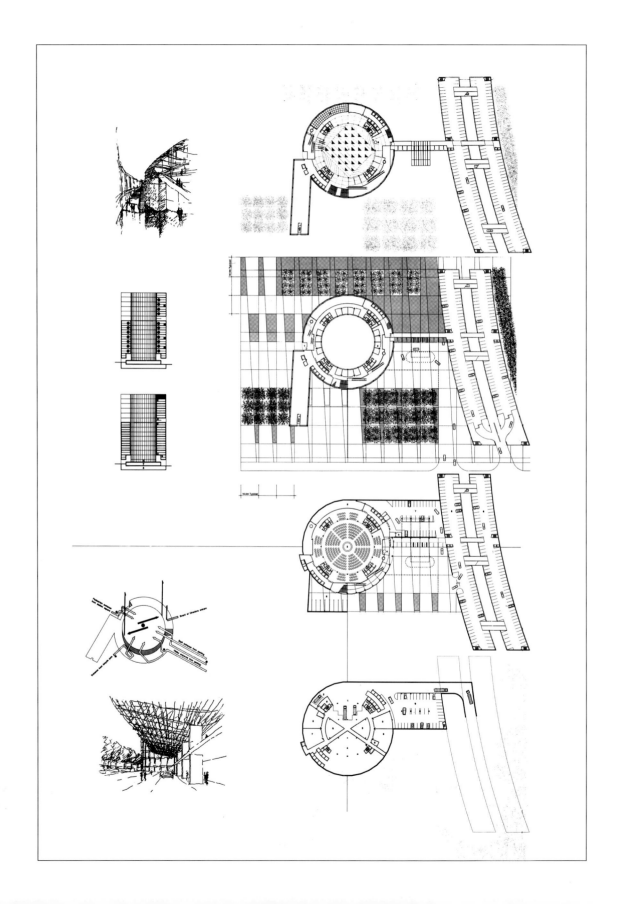

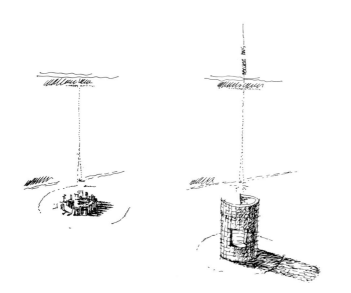

Plantas, croquis y vista de la maqueta

Plans, sketch and view of the model

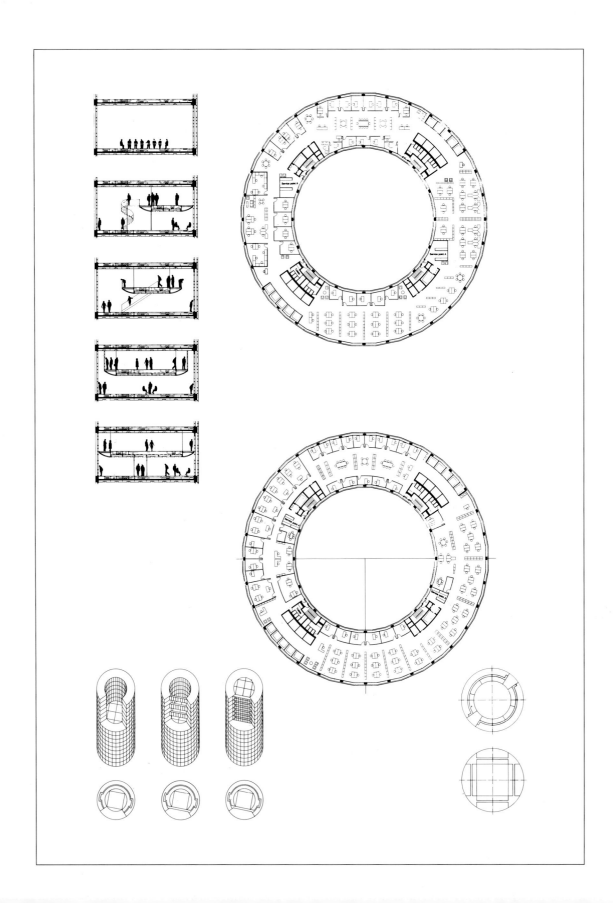

Plantas, secciones y dos vistas del interior del edificio

Plans, sections and two views of the interior of the building

Páginas siguientes: esquemas, plantas, alzados, secciones y perspectiva de la propuesta

Followins pages: diagrams, plans, elevations, sections and perspective of the proposed scheme

189

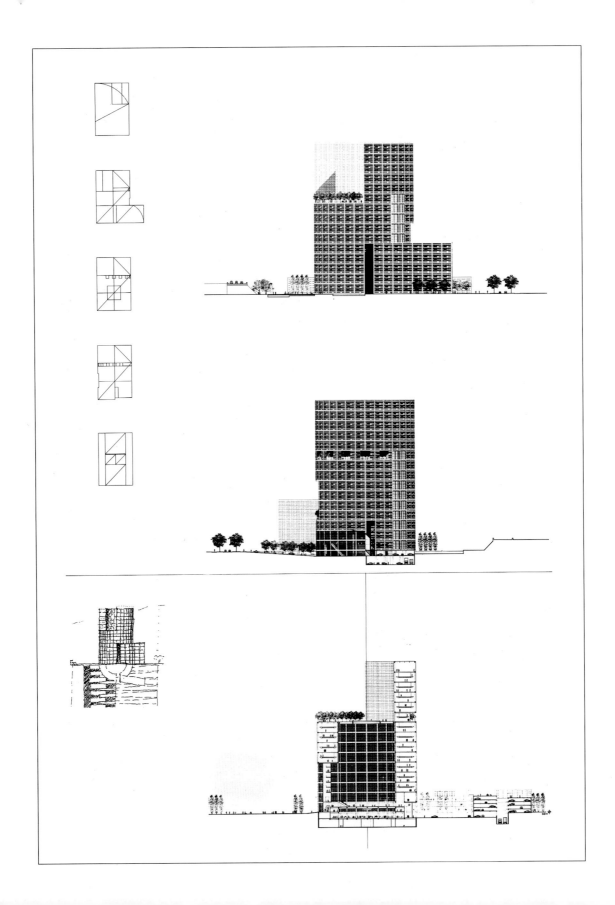

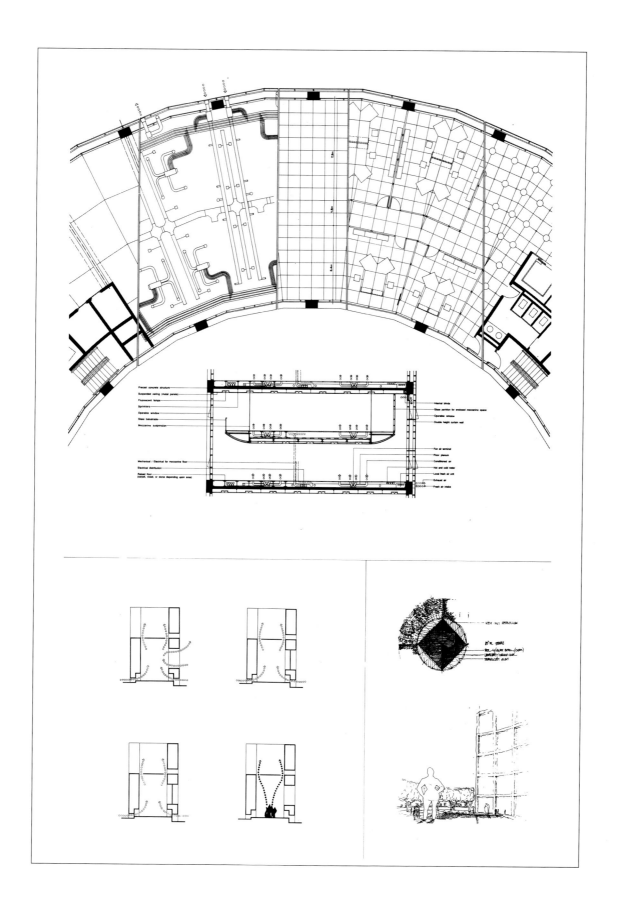

191